城市轨道交通系统集成管理

Integrated Management on System of Urban Rail Transportation

城市轨道交通系统集成管理

中铁电气化局集团有限公司　编著

中 国 铁 道 出 版 社

2014年·北 京

图书在版编目(CIP)数据

城市轨道交通系统集成管理/中铁电气化集团有限公司编著.—北京:中国铁道出版社,2013.10(2014.8重印)
ISBN 978-7-113-16888-9

Ⅰ.①城… Ⅱ.①中… Ⅲ.①城市铁路—交通运输管理 Ⅳ.①U239.5

中国版本图书馆CIP数据核字(2013)第139819号

书　　名： 城市轨道交通系统集成管理
作　　者： 中铁电气化局集团有限公司

责任编辑： 罗桂英　　　　**电话：** 010-51873027
特邀编辑： 闫　伟　亢巨龙
封面设计： 郑春鹏
责任校对： 龚长江
责任印制： 赵星辰

出版发行： 中国铁道出版社（100054，北京市西城区右安门西街8号）
网　　址： http://www.tdpress.com
印　　刷： 北京盛通印刷股份有限公司
版　　次： 2013年10月第1版　2014年8月第2次印刷
开　　本： 787 mm×1 092 mm　1/16　**印张：** 8　**字数：** 210千
书　　号： ISBN 978-7-113-16888-9
定　　价： 100.00元

序言 Preface

由中铁电气化局集团有限公司撰写的专著《城市轨道交通系统集成管理》即将问世，承蒙编者的邀约，请我为本书作序推荐。

我国经济快速增长，伴随着城市化进程的加快，城市交通问题日益突出，优先发展以城市轨道交通为代表的绿色、环保、节能、高效、快捷的公共交通系统成为必然选择。国家在“十二五”规划纲要中也明确指出了轨道交通的重点任务：建设以北京等一线城市轨道交通网络，建成重庆等城市的轨道交通主骨架，规划建设合肥等城市的骨干线路，截至 2012 年 10 月，国务院已批准了 34 个城市的轨道交通近期建设规划，共 157 条线路，4 384 公里，总投资超过 2 万亿元。据估算，大部分在建和新批待建线路将在 2020 年以前建成，未来几年的年均建成里程将保持在 300 公里以上。良好的发展机遇，客观要求我们必须不断地对建设过程的各个环节进行分析、整理、反思和总结，使之更加安全、有序、高效，以促进行业建设科学发展。

城市轨道交通设备系统总承包管理模式是中铁电化局首先在北京首都机场线尝试实施，并在以后的北京 15 号线建设中延续，在收到了良好的经济效益和管理绩效的同时，也逐步提炼出一套具有专业化、精细化、综合化的管理理念和实施做法。由于设备系统总承包模式保持了设备系统的整体性，将原有的外部接口转化为内部接口，通过综合协调，控制工程的进度、质量，可以从根本上保证项目的总体协调和综合最优的要求，符合轨道交通建设的发展规律；特别是其管理具有高度的专业性、服务性、综合性，该管理模式已被多个城市所接受。目前，项目遍及北京、沈阳、广州、深圳、重庆、南京、昆明等地。

本书共分13章，第1章、第2章主要讲解城市轨道交通与系统集成的关系以及城市轨道交通各个设备系统的组成。从第3章开始，编者依据以往工程实践经验，依次对系统集成项目施工的整个过程进行了详细的介绍，其中包含招投标阶段合同谈判的内容及关键点；设计联络阶段各参与方的任务及职责；接口设计联络阶段各系统间的接口及接口的分界点；深化施工图设计阶段与设计单位配合的方式；工厂监造、工厂接口测试、出场验收阶段的要求及检验内容；工程管理、工程资料管理的方式；各系统内部调试、联合调试，直至试运行、竣工验收过程的工作内容及需要保存的资料等。该书各部分相对独立又相互呼应，浑然一体，保持了高度的统一性，书中还提供了大量的实操性内容，可为读者提供参考模板。

本书的每个细节都体现了中铁电化局锐意开拓、深化系统集成的思路和追求卓越、铸城市轨道交通精品工程的奋进目标。特别值得推荐的是，全书自始至终运用系统集成理论与方法，对城市轨道交通设备系统集成进行了较系统的总结，对未来城市轨道交通设备系统集成的实践工作提供了有益的借鉴和帮助。

本书在编写过程中得到了中铁电气化勘察设计院有限公司、中铁通信信号勘测设计（北京）有限公司等单位的大力支持，田胜利、肖培龙对本书的内容进行了审定。

本书是从事城市轨道交通设计、研究、制造、施工等有关领域的相关技术、管理人员的一本具有较高实用价值的参考书。

《城市轨道交通系统集成管理》编委会

目　　录

第1章　城市轨道交通与系统集成

轨道交通是一种独立的有轨交通系统，它可提供资源集中利用、环境舒适、节能减排、安全快捷的大容量运输服务，能够按照设计能力正常运行，与其他交通工具互不干扰，具有强大的运输能力、较高的服务水平和显著的资源环境效益。

轨道交通产业是一项庞大的系统工程，属于资本密集和技术密集的行业，涵盖了当代各领域的高新技术、新工艺和新材料的应用，行业的特点决定了它更需要走集约、集聚、高科技发展的道路，系统集成作为一种新兴的服务方式，近年来也以迅猛的态势进入了轨道交通行业。

1.1　城市轨道交通概述

轨道交通很早就作为公共交通在城市中出现，起着越来越重要的作用。经济发达国家城市的交通发展历史告诉我们，采用大客运量的城市轨道交通（地铁和轻轨）系统，是改善城市公共交通状况的有效途径。

1.1.1　城市轨道交通的概念

根据轨道交通的特性，从广义上讲，凡车辆运行在导轨上的交通运输方式都可称为轨道交通运输。但在轨道交通运输发展的历史进程中，人们常把担当长大运输的铁路称为大铁路（或称干线铁路），用于与城市轨道交通运输相区别。因此，我们这里的城市轨道交通不包括大铁路。

轨道交通是源于城市经济的发展和城市道路拥挤而产生的。在轨道交通的发展过程中，它是作为城市公共交通系统的一个重要组成部分而发展的，因此，人们习惯把它称之为城市轨道交通。在我国国家标准《城市公共交通常用名词术语》中，将城市轨道交通定义为"通常以电能为动力，采取轮轨运转方式的快速大运量公共交通的总称。"或者说，一般将城市中使用在固定导轨上运行并主要用于城市客运的交通系统称为城市轨道交通。

1.1.2　城市轨道交通的分类

根据轨道交通系统基本技术特征的不同，轨道交通系统主要有地下铁道、轻轨铁路、独轨铁路和有轨电车、市郊铁路、磁悬浮铁路等类型。

1. 地下铁道

地下铁道是指修建在地下隧道中的铁路。地下铁道又可分为重型地铁、轻型地铁与微型地铁三种类型。重型地铁一般是指传统的普通地铁，轨道基本采用干线铁路技术标准，线路以地下隧道为主，仅在市郊等部分地段采用地面线路，路权专用、运能最大；轻型地铁是一种在轻轨线路、车辆等技术设备工艺基础上发展起来的地铁类型，路权专用，运能较大，通常采用高站台；微型地铁，又称为断面地铁，隧道断面、车辆轮径和电动机尺寸均小于普通地铁，路权专用，运能中等，行车自动化程度较高。

由于地铁已是一个历史名词，如今其内涵与外延均都有较大的扩展，它已不局限于运行在地下隧道这一种形式，而是泛指高峰小时单向运输能力在3万～6万人，地下、地面、高架运行线路三者结合的一种大容量轨道交通系统。

2. 轻轨铁路

轻轨铁路(简称“轻轨”)的含义是指车辆对轨道施加的荷载而言。轻轨车辆与地下铁道车辆比较相对较轻。早期的轻轨系统一般是直接对旧式有轨电车系统改建而成。20世纪70年代后期，一些国家才开始修建全新的现代轻轨系统。现代轻轨系统与旧式有轨电车系统相比，具有自动控制、乘坐舒适、动力大、速度快、噪声低等优点。对世界各国轻轨系统进行分类研究表明，轻轨也存在多种技术标准并存发展的情况。高技术标准的轻轨接近于轻型地铁，而低技术标准的轻轨则接近于有轨电车。因此，轻轨通常指运营在城市中心，包括近郊地区(离市中心约20 km)的轨道交通系统，其线路采用电气化，运行速度在40～50 km/h，大多与地面交通立体交叉。其站间距离较小，为1～1.5 km。

3. 独轨铁路

独轨是车辆或列车在单一轨道上运行的城市轨道交通系统。独轨的线路一般采用高架结构，车辆则大多采用橡胶轮胎。从构造形式上可分为跨坐式独轨与悬挂式独轨两种，跨坐式独轨是列车跨坐在轨道梁上运行的形式，而悬挂式独轨则是列车悬挂在轨道梁下方运行的形式。大多橡胶轮独轨系统采用全高架运行，不占用地面道路，具有振动小、噪声低、爬坡能力强、转弯半径小、投资较省等优点，当前的独轨、新交通系统和VAL(自动轻级车辆)系统均属橡胶轮系统。

独轨运输能力一般为0.5～2万人次/h，多采用跨座式，轨道梁，转辙机、转向架是独轨系统的关键技术。由于采用橡胶轮胎，因而车体结构必须轻量化，轨道梁和支座材料的耐潮湿、耐酸性要求也较高。

4. 有轨电车

有轨电车通常采用地面线，有时也有隔离的专用路基和轨道。隧道或高架区间仅在城市中心交通拥挤的地带采用。旧式的有轨电车由于其与公共汽车及行人共用街道路权，且平交道口多，因而其运行时所受的干扰多、速度慢。现代有轨电车与轻轨铁路已很接近，只是车辆尺寸稍小些，运营速度一般为20 km/h。

5. 市郊铁路

市郊铁路是连接城市市区与郊区，以及连接城市周围几十公里甚至更大范围的卫星城镇或城市圈的铁路，同时又是连接大中城市干线铁路的一部分，因此，它具有干线铁路的技术特征，如轨道通常是重型的。与城市轨道交通系统中的地下铁道等其他类型不同，在市郊铁路上通常是市郊旅客列车与干线旅客列车和货物列车混跑。市郊铁路的车辆运行速度远远大于其他城市交通工具，平均运行速度达40 km/h以上，最高可达到120 km/h。如在法国，远郊的乘客只用半小时就可以到达市中心，如此快捷的运输速度吸引了大量客流。虽然市郊铁路采用干线铁路的技术标准，但其功能与干线铁路不同，因此，在技术性能上也略有差别。市郊铁路运行速度比干线铁路低；但其起动、制动加速度远高于干线列车，略低于地铁列车；站间距离约1～3 km。日本研究资料表明，市郊铁路的运营效率、能源消耗、投资费用以及土地利用等指标明显优于其他交通方式，市郊铁路的投资额大约是地铁的1/10～1/5，1人·km的能源消耗是汽车的1/7左右，而运送能力单向每小时高达6万人次，是一种快速、经济、环保且可行的城市轨道交通方式。

6. 磁悬浮铁路

磁悬浮铁路是根据电磁学原理，利用电磁铁产生的电磁力将列车浮起，并推动列车前进的高速交通工具。由于磁悬浮列车是轨道上行驶，导轨与机车之间不存在任何实际的接触，成为“无轮”状态，故其几乎没有轮、轨之间的摩察，时速高达几百公里；磁悬浮列车可靠性高、维修简便、成本低，其能源消耗仅是汽车的1/2、飞机的1/4；由于它以电为动力，在轨道沿线不会排放废气，无污染，是一种名副其实的绿色交通工具。

1.1.3 我国城市轨道交通发展的形势与意义

城市轨道交通由于其具有运量大、成本低、污染少、用地省、干扰少、全天候及安全准时等特点，愈来愈受到人们的青睐。对于我们这样一个人口众多、环境资源压力大、经济社会快速发展的发展中国家，选择城市轨道交通作为大城市交通发展的主导方式，其意义尤为重大。

1. 城市经济社会的快速发展迫切需要

按照发展经济学的观点，一国的人均GDP在400～2 000美元为经济起飞阶段，在2 000～10 000美元为快速发展阶段，在10 000美元以上为稳定增长阶段。2010年我国经济已经超过日本，成为世界第二大经济体，人均GDP超过3 000美元，进入了快速发展时期。预计到2020年我国人均GDP将达到10 000美元，到2050年将达到中等发达国家水平。届时人民生活水平比较富裕，基本实现现代化。据有关方面预测，到2050年，我国总人口将达到15.5亿左右，城市化、城镇化率将达到75%。稳定、健康、快速的经济增长大环境，将为经济的持续、快速增长提供强有力的基础条件。

根据国外城市发展的经验和我国工业化、城市化、城镇化所处发展阶段以及区域经济发展的特征，在新农村建设和城镇化水平不断提高今天，在大城市、特大城市人口不断增长的阶段，迫切需要加快发展大容量、大能力、低污染、少干扰的城市轨道交通系统。

与此同时，城市轨道交通的发展还直接和间接地促进经济社会的全面发展。所谓直接作用是指城市轨道交通在建设及运营过程中，对直接关联的建筑、设计、监理、机械、冶金、电子、电力、通信等产业的促进作用，为众多参建企业提供了难得的商业机会和广阔的发展空间。所谓间接作用是指其辐射效应，如房地产、环保、娱乐、商务等行业，这种作用是持久动力，对保增长的带动作用也是巨大的。同时，城市轨道交通发展也必然带来其他交通工具（如汽车等）的减少，从而，达到减少对环境污染的目地。因此，优先发展以城市轨道交通为骨干的城市公共交通系统，已成为世界各国有识之士的共识。

2. 城市和城市圈（群）交通拥堵的解决需要

我国目前人口超过100万的48个城市中（以市区非农业人口为统计口径），人口在200万以上的特大城市有14个，这些城市的市区人口有1个多亿，约占全国人口的8%。这些特大城市在我国经济发展中起着重要的带动作用。但随着城市化建设进程的加快，城市规模不断扩大，城市人口迅速增长，城市居民住宅不断形成新的小区并逐步向老城区外发展，这些都在不同程度造成了诸如中心区拥堵、空气质量下降、人均居住面积狭小、停车场地不足、新区交通不便等交通和环境问题，恶化了大城市的投资与生活环境，限制了大城市的健康、可持续发展。而发展城市轨道交通，可以有效改善城市交通结构和城市布局结构，较好地解决大城市交通供需矛盾和环境污染等问题。

目前，我国已形成了长江三角洲、珠江三角洲、京津环渤海三大经济圈和若干个以省会城市为龙头的城市群(圈)或经济带，这些城市圈或经济带的经济发展总量以及相互之间的客货运输量在全国占有相当大的比重，并且聚集力还在不断增强。未来全国经济总量增长的快慢，很大程度上取决于这些城市圈或经济带的发展及其辐射带动能力，因此，这为构建较为完善的城际快速轨道交通系统提出了迫切要求。

3. 城市经济社会的可持续发展需要

随着国民经济持续、快速的发展，按照国际惯例，目前，我国部分特大、大城市已进入或开始进入家庭轿车消费阶段，近年来，我国小汽车的数量每年都以 7 位数的速度快速增长。在城市道路交通基础设施有限的情况下，如何缓解城市及城际间的交通压力，满足更广大民众的出行需要，已成为人们普遍关心的问题。

传统的城市交通发展模式很难从根本上摆脱拥挤—缓解—再拥挤恶性循环的“怪圈”。探索城市交通发展的规律，走一条城市交通可持续发展的道路，已成为世界各国城市普遍关注的发展问题。

交通运输既是现代经济社会赖以生存、发展的重要基础之一，又是占有资源和消耗能源较多的产业。我国人口众多、耕地有限、石油等矿产资源又相对短缺，生态建设和环境保护任务十分繁重，这就要求我国在城市交通运输发展的问题上，必须持谨慎态度，必须坚持走可持续发展的道路。把目标定位在加快推广使用低污染、低能耗、大运量、占地省的公共交通方式为主的城市轨道交通体系，最大限度地节约土地，提高资源的利用率，减少交通运输对环境的污染。因此，根据我国国情和未来城市发展的趋势，必须把城市轨道交通运输作为城市和城际交通运输发展规划的首选，这是解决我国大城市交通的有效途径和根本途径，也将是 21 世纪世界城市交通发展的必然趋势。

1.2 系统集成概述

1.2.1 系统集成的概念

对于城市轨道交通系统建设项目，每个参与的企业都在其价值链上找到自己的定位，有基础设施提供商、硬件厂家、系统软件提供商、数据库软件提供商，还有开发平台的提供商等等。随着城市化建设的发展，越来越多的厂商涌入到轨道交通建设领域，竞争越发激烈，利润不断下降，作为城市轨道交通建设的“大家长”——系统集成商应该怎么做？他的价值定位又如何？

从客户的需求的角度，客户自然希望系统集成商能够为其提供整合所有系统建设和运行的各种要素的服务。而从集成商的角度，整合的系统越多，对其的技术要求越高，同时对其的管理要求也越高。因此，系统集成商想在激烈的竞争中找到自己的价值定位，就需要具备项目管理能力和系统技术能力两项核心能力，按照客户的需求，设计出最适合客户的产品，按计划工期、在合理的成本内优质、安全的完成项目建设，为客户提供设计、选型、监造、施工、调试及验收的一体化的服务。

系统集成工作贯穿于城市轨道交通建设的整个生命周期。从项目投标开始，系统集成商即要在投标文件中，根据客户需求提供初步的系统集成方案和各系统厂家的选型情况。在中标后，即设计联络阶段，对客户需求进行深化设计为客户提供最优的集成方案，并对各系统外部接口进行协调设计。然后是对产品的工厂监造和出厂验收，直至设备运输到现场，进行安装调试。最后进行综合联调，将各系统的性能匹配到最优状态，至客户验收通过。

就目前的城市轨道交通设备系统来说，没有一家系统集成商自身的设备能够满足整个轨道交通设备系统的15%。而从客户的角度，并不愿意将整个设备系统拆分成诸多的子系统或子子系统，这样将给建设管理和接口调试工作带来许多不必要的麻烦。因此，客户需要一家具有设计、集成、安装及联调能力的承包商，为其提供整体的解决方案。集成商如同一个大家长，将设施提供商、硬件厂家、系统软件提供商、数据库软件提供商，还有开发平台的提供商等等有机的整合在一起，控制着各家设备的采购、生产、运输、安装、调试到移交的全过程，对进度、成本、质量、风险、技术等实施控制和管理，任何一个环节均不能疏忽，否则将造成一系列的失控反应。

所谓系统集成(System Integration，SI)，就是通过结构化的综合布线系统和计算机网络技术，将各个分离的设备(如计算机)、功能和信息等集成到相互关联的、统一和协调的系统之中，使资源达到充分共享，实现集中、高效、便利的管理。系统集成应采用功能集成、网络集成、软件界面集成等多种集成技术。系统集成实现的关键在于解决系统之间的互连和互操作性问题，它是一个多厂商、多协议和面向各种应用的体系结构。这需要解决各类设备、子系统间的接口、协议、系统平台、应用软件等与子系统、建筑环境、施工配合、组织管理和人员配备相关的一切面向集成的问题。以用户的应用需要和投入资金的规模为出发点，综合应用各种相关技术，适当选择各种软硬件设备，经过相关人员的集成设计，安装调试，应用开发等大量技术性工作和相应的管理性及商务性工作，使集成后的系统能够满足用户对实际工作要求，具有良好的性能和适当的价格的全过程。

系统集成有以下几个显著特点。

(1)系统集成要以满足用户对需求为根本出发点。

(2)系统集成不是选择最好的产品的简单行为，而是要选择最适合用户的需求和投资规模的产品和技术。

(3)系统集成不是简单的设备供货，它体现更多的是设计，调试与开发，是技术含量很高的行为。

(4)系统集成包含技术、管理和商务等方面，是一项综合性的系统工程。技术是系统集成工作的核心，管理和商务活动是系统集成项目成功实施的可靠保障。

(5)性能性价比的高低是评价一个系统集成项目设计是否合理和实施成功的重要参考因素。

1.2.2 系统集成的内容

系统集成包括设备系统集成和应用系统集成。设备系统集成，也可称为硬件系统集成、在大多数场合简称系统集成，或称为弱电系统集成，以区分于电力设备、机电设备安装类的强电集成。它指以搭建轨道交通内的信息化管理支持平台为目的，利用综合布线技术、楼宇自控技术、通信技术、网络互联技术、多媒体应用技术、安全防范技术、网络安全技术等将相关设备、软件进行集成设计、安装调试、界面定制开发和应用支持。设备系统集成也可分为环境设备监控系统集成、通信系统集成、综合监控系统集成等。

环境设备监控系统集成：指以搭建轨道交通建筑内的建筑智能化管理系统为目的，利用综合布线技术、楼宇自控技术、通信技术、网络互联技术、多媒体应用技术、安全防范技术等将相关设备、软件进行集成设计、安装调试、界面定制开发和应用支持。环境设备监控系统集成实施的子系统包括综合布线、楼宇自控、机房工程、监控系统、公共广播、门禁系统、楼宇对讲、消防系统、等。对于轨道交通中的风水电等机电设备进行系统集成。

通信系统集成:指通过结构化的综合布线系统和计算机网络技术,将各个分离的设备(如服务器、无线终端、路由器等相关设备)、功能和信息等集成到相互关联的、统一和协调的系统之中,使资源达到充分共享,实现集中、高效、便利的管理。通信系统集成应采用功能集成、网络集成、软件界面集成等多种集成技术。集成实现的关键在于解决各子系统之间的互连和互通问题,它是一个多厂商、多协议和面向各种应用的体系结构,它为轨道交通的各类设备正常运行提供了一个通信平台和通道。

综合监控系统集成:指以搭建轨道交通内的控制管理平台为目的,利用综合布线技术、通信技术、网络互联技术、多媒体应用技术、安全防范技术、网络安全技术等将相关设备、软件进行集成设计、安装调试、界面定制开发和应用支持。综合监控系统集成将轨道交通内的各个子系统集成到一套上层管理系统内。可以包含电力监控、环境设备监控、通信和消防等子系统。综合监控系统集成既可作为一个独立的系统集成项目,也可作为一个子系统包含在轨道交通系统集成中。

应用系统集成:英文 Application System Integration,以系统的高度为客户需求提供应用的系统模式,以及实现该系统模式的具体技术解决方案和运作方案,即为用户提供一个全面的系统解决方案。应用系统集成已经深入到用户具体业务和应用层面,在大多数场合,应用系统集成又称为行业信息化解决方案集成。应用系统集成可以说是系统集成的高级阶段,独立的应用软件供应商将成为核心。

在本文中,我们主要针对城市轨道交通设备系统集成进行详细阐述。

1.3 城市轨道交通设备系统集成的必要性

城市轨道交通设备系统集多学科、多领域的先进技术于一体,是一个既相互独立又密切相关且与外部系统有着复杂联系的庞大系统。如何将这些先进的技术集约在一起,克服短板效应,实现整体最优,满足城市轨道交通对设备系统的要求是城市轨道交通建设首先要解决的问题。

城市轨道交通设备系统集成就是将供电系统、综合监控系统、通信系统、信号系统等多个专业整合成一个平台进行管理,同时涵盖设计、施工、设备制造、联调联试和运营维护等技术,是对城市轨道交通有总体把握、指导和管理作用的技术集成。各系统间既自成体系,又相互关联,既有硬件接口,又有软件联系,对整体性和系统性的要求很高。为确保技术体系的完整性和各系统间的紧密衔接,应按系统工程实施并强化系统集成,统一协调监管各系统建设。通过城市轨道交通设备系统集成,将各个自动化系统有机地结合起来,实现综合监控管理;提供各系统间业务关联和触发联动,提高对时间的应急处理能力和快速反应,并充分实现资源共享,降低工程造价。

城市轨道交通信号系统是保证列车运行安全,实现行车指挥和列车运行现代化,提高运输效率的关键系统设备。信号系统的核心车载设备大多由国外引进,地面联锁设备由国内几家知名厂商掌握。近年来,信号系统集成逐渐由联合体模式过度到由国内信号设备厂商牵头,并消化吸收国外的车载技术进行国产化。因此信号系统集成商往往承担着项目管理和技术总负责的角色。系统集成商想要有效搭建一个完善可用的信号系统,必须把各子系统技术(除核心保密技术外)已资料、会议讨论等方式与其它各方进行交流,而集成商就是这项工作的总体组织者。集成商通过自身的系统设计,根据系统原理、技术特点、设备特性、接口条件等各方面进行考虑，并对照专业设计标准进行整合，使之在满足系统安全和功能要求的前提下，达到最优的性能价格比。

同时，信号系统是整个城市轨道交通的神经中枢，对其安全性的要求远高于其他地铁系统。信号系统集成作为整个系统的构建者，除考虑功能要求外，还要在设计阶段，通过设计手段使设备或系统本身具有安全性，即使在发生故障的情况下也不会造成事故。

因此可以说，城市轨道交通设备系统集成是随着城市轨道交通建设产生的，是为城市轨道交通建设提供的一种科学有效的工程方法，是自主再创新和工程建设的需要。

第2章　集成设备简介

城市轨道交通所涉及的设备专业种类繁多、大小不一，主要的设备专业有：供电系统、综合监控系统、通信系统、乘客信息系统、信号系统、自动售检票系统、常规机电系统、屏蔽门系统、电扶梯系统，以及环境与设备监控系统、通风空调与采暖系统、安全门系统、给排水系统、车辆段检修设备、防雷及接地等。这些设备专业间接口多，接口复杂，给系统集成工作带来很大的困难，同时也给系统集成工作提出了更高的要求。

下面将对针对主要设备专业进行详细阐述。

2.1　供电系统简介

城市轨道供电系统是一个集主变电所、中压供电网络、牵引供电系统、供配电系统为一体的综合系统。

主变电所是为地铁建设的专用变电所，只有集中供电方式时才设置，其为地铁牵引供电系统和供配电系统供电。

中压供电网络是联系所与所之间的供电网络，一般采用电缆线路，环网供电方式。

牵引供电系统是采用输入中压交流电经过整流变压器降压再经过整流器整流输出直流，输送到接触网(轨)作为机车牵引动力。

供配电系统是将中压交流电通过配电变压器降压至400 V后，由400 V配电柜向车站区间各级动力照明负荷供电。

2.2　综合监控系统简介

综合监控系统是地铁各专业自动化系统采用统一的计算机硬件和软件平台，无论是电力监控、设备监控、车辆调度监控还是通信监控，他们都建立在一个统一的计算机平台上，由一个统一的软件系统支持。目前的地铁综合监控大多是以电力监控系统、环境设备监控系统为基础的综合监控系统。综合监控系统将上述两系统完全地集成在系统中，同时与其他独立的系统如信号系统、自动售检票系统、广播系统、视频监视系统等相互联系，实现一定的信息互动，实现地铁线路中的信息互通与资源共享。

城市轨道交通的综合监控系统其实是计算机集成系统，构建时一般不是采用一个厂商的设备而是需要采用多个厂商的设备。所以系统集成时要求系统集成方提供的是开放系统而不是专利系统，提供的是一个全面解决的方案而不仅仅是一个产品。因此，构建城市轨道交通自动化系统需要进行系统集成，即应用工业计算机网络互连多个厂家设备。综合监控集成已经成为现代轨道交通自动化的重要工作。

2.3　通信系统简介

通信系统是整个轨道交通的神经系统，轨道交通的控制中心将各种控制、调度指令通过通信系统向下传送，列车、车站与车辆段将票务、客运流量、列车/设备运行状态、监控画面等信息向上传送，通信系统一旦出现问题，可能会导致整个轨道交通全线瘫痪，随着现在科技的飞速发展，通信系统正向着高集成化、高智能化、复杂化方向发展。

城市轨道交通通信系统总体分为：专用通信系统、民用通信系统和公安通信系统。

专用通信系统是为轨道交通行车指挥及运营管理服务的，是行车指挥、运营管理的必备工具，也是各种监控系统传递的基础设施，同时也是向乘客和工作人员传递各种信息的设施之一。它是运营指挥、企业管理、服务乘客的网络平台，它是地铁正常运转的神经系统；是公务联络和传递各种信息的重要手段，是保证列车安全、快速、高效运行不可缺少的综合通信系统。专用通信系统一般包括传输系统、公务电话系统、专用电话系统、无线通信系统、闭路电视监视系统、广播系统、时钟系统、电源及接地系统、网络管理和办公自动化系统等子系统。

民用通信系统主要是将电信运营商的移动通信信号引入地下区域内，为乘客提供更优质的公众移动通信服务，同时为部分增值服务提供条件，使地铁符合现代化的生活节奏，提高地铁和公众电信运营商的服务水平。民用通信系统一般包括传输系统、无线覆盖系统、电源及接地系统等子系统。

公安通信系统是将地面公安通信网引入地铁，为保证市民的出行安全，保障地铁列车的安全运行，快速、准确、高效地执行地铁安全保卫任务提供通信保障。公安通信系统一般包括传输系统、计算机网络系统、公安消防无线通信系统、公安视频监控系统、电源及接地系统等子系统。

2.4　乘客信息系统简介

乘客信息系统(Passenger Information System，PIS)是依托多媒体网络技术，以计算机系统为核心，以车站和车载显示终端为媒介向乘客提供信息的系统。乘客信息系统在正常情况下，提供乘车须知、服务时间、列车到发时间、列车时刻表、管理者公告、政府公告、出行参考、媒体新闻、赛事直播和广告等实时动态的多媒体信息；在火灾、阻塞及恐怖袭击等非正常情况下，提供动态紧急疏散提示。车载设备通过无线传输实时或预录接收信息，经处理后在列车客室LED显示屏上进行音频视频播放。使乘客通过正确的服务信息引导，安全、便捷地乘坐地铁。

乘客信息系统兼有列车客室乘客乘车情况的监视功能，通过摄像机采集的运营中列车客室内旅客乘车情况视频信息在司机室记录、显示，并能实时上传至控制中心，其上传信息可作为管理部门安全决策支持信息。

乘客信息系统兼有对司机的监视功能，通过设置在司机室的摄像机对司机行车进行监视。

乘客信息系统从结构上通常分为中心子系统、车站子系统、网络子系统、广告制作子系统和车载子系统五个子系统。

乘客信息系统从控制功能上通常分为信息源；中心播出控制层；车站(列车)播出控制层和车站(列车)播出设备4个层次。

2.5　信号系统简介

在城市轨道交通系统中，信号系统是地铁运输生产的基础设备之一，是地铁实现集中统一指挥的重要手段，是保障行车安全、提高运输效率和运营管理水平的重要设施。轨道交通信号系统主要由列车自动控制系统组成(Automatic Train Control，ATC)，列车自动控制系统分为固定闭塞系统和移动闭塞系统。固定闭塞系统是指基于传统轨道电路的自动闭塞方式，闭塞分区按线路条件经牵引计算来确定，一旦划定将固定不变。列车以闭塞分区为最小行车间隔，列车自动控制系统根据这一特点实现行车指挥和列车运行的自动控制。移动闭塞方式的列车自动控制系统通常采用无线通信、地面交叉感应环线、波导管等媒体，向列控车载设备传递信息。列车安全间隔距离是根据最大允许车速、当前停车点位置、线路等信息计算得出，信息被循环更新，以保证列车不间断收到即时信息。移动闭塞系统是利用列车和地面间的双向数据通信设备，使地面信号设备可以得到每一列车连续的位置信息，并距此计算出每一列车的运行权限，动态更新发送给列车，列车根据接收到的运行权限和自身的运行状态，计算出列车运行的速度曲线，实现精确的定点停车，实现完全防护的列车双向运行模式，更有利于线路通过能力的充分发挥。信号系统采用先进的基于无线通信的无人驾驶移动闭塞 CBTC 系统。该系统可以管理全线无人自动运行。它采用的移动闭塞原理使它能够在系统可靠性、安全性、可用性、可维护性、以及运行间隔、定点停车性能和可扩展性等方面达到所要求的性能。

列车自动控制系统包括列车自动监控(Automatic Train Supervision，ATS)子系统、列车自动防护(Automatic Train Protection，ATP)子系统、列车自动运行(Automatic Train Operation，ATO)子系统和计算机联锁(Computer Interlocking，CI)子系统。

列车自动监控子系统由控制中心、车站、车场以及车载设备组成。列车自动监控子系统在列车自动防护子系统的支持下完成对列车运行的自动监控，实现以下基本功能：

(1)通过列车自动监控子系统车站设备，能够采集轨旁及车载列车自动防护子系统提供的轨道占用状态、进路状态、列车运行状态以及信号设备故障等控制和监督列车运行的基础信息。

(2)根据联锁表、计划运行图及列车位置，自动生成输出进路控制命令，传送至车站联锁设备，设置列车进路、控制列车停站时分。

(3)列车识别跟踪、传递和显示功能。系统能自动完成正线区段内列车识别号(服务号、目的地号、车体号)跟踪，列车识别号可由中央列车自动监控子系统自动生成或调度员人工设定、修改，也可由列车经车—地通信向列车自动监控子系统发送识别号等信息

(4)列车计划与实迹运行图的比较和计算机辅助调度功能。能根据列车运行实际的偏离情况，自动生成调整计划供调度员参考或自动调整列车停站时分，控制发车时间。

(5)列车自动监控子系统中央故障情况下的降级处理，由调度员人工介入设置进路，对列车运行进行调整，由列车自动监控子系统车站完成自动进路或根据列车识别号进行自动信号控制，由车站人工进行进路控制。

(6)在计算机辅助下完成对列车基本运行图的编制及管理，并具有较强的人工介入能力。通过设在车辆段的终端，向车辆段管理及行车人员提供必要的信息，以便编制车辆运用计划和行车计划。

(7)列车运行显示屏及调度台显示器，能对轨道区段、道岔、信号机和在线运行列车等进行监视，能在行调工作站上给出设备故障报警及故障源提示。

(8)能在中央专用设备上提供模拟和演示功能，用于培训及参观。能自动进行运行报表统计，并根据要求进行显示打印。

(9)能在车站控制模式下与计算机联锁设备结合，将部分或所有信号机置于自动模式状态。

(10)向通信无线、广播、旅客向导系统提供必要的信息。

列车自动防护子系统由地面设备、车载设备组成，监督列车在安全速度下运行，确保列车一旦超过规定速度，立即施行制动，主要实现以下功能：

(1)自动连续地对列车位置进行检测，并向列车发送必要的速度、距离、线路条件等信息，以确定列车运行的最大安全速度。提供列车速度保护，在列车超速时提供常用制动或紧急制动，保证前行与后续列车之间的安全间隔，满足正向行车时的设计行车间隔和折返间隔。对反向运行列车能进行列车自动防护。

(2)确保列车进路正确及列车的运行安全；确保同一径路上的不同列车之间具有足够的安全距离以及防止列车侧面冲撞。

(3)防止列车超速运行，保证列车速度不超过线路、道岔、车辆等规定的允许速度。

(4)为列车车门的开启提供安全、可靠的信息。

(5)根据联锁设备提供的进路上轨道区间运行方向，确定相应轨道电路发码方向。

(6)任何车—地通信中断以及列车的非预期移动(含退行)、任何列车完整性电路的中断、列车超速(含临时限速)和车载设备故障等均将产生安全性制动。

(7)实现与列车自动监控子系统的接口和有关的交换信息。

(8)系统的自诊断、故障报警和记录。

(9)列车的实际速度、推荐速度、目标速度和目标距离等信息的记录和显示，具有人工或自动轮径磨耗补偿功能。

列车自动运行子系统是控制列车自动运行的设备，由车载设备和地面设备组成，在列车自动防护子系统的保护下，根据列车自动监控子系统的指令实现列车运行的自动驾驶、速度的自动调整、列车车门控制。

(1)自动完成对列车的启动、牵引、巡航、惰行和制动的控制，以较高的速度进行追踪运行和折返作业，确保达到设计间隔及旅行速度。

(2)在列车自动监控子系统监控范围的入口及各站停车区域(含折返线、停车线)进行车—地通信，将列车有关信息传送至列车自动监控子系统，以便于列车自动监控子系统对在线列车进行监控。

(3)控制列车按照运行图进行运行，达到节能及自动调整列车运行的目的。

(4)列车自动运行子系统自动驾驶时实现车站站台定点停车控制、舒适度控制及节省能源控制。

(5)能根据停车站台的位置及停车精度，自动地对车门进行控制。

(6)与列车自动控制子系统和列车自动监控子系统结合，实现列车自动驾驶、有人或无人驾驶。

列车自动监控系统、列车自动防护系统和列车自动运行系统三个子系统通过信息交换网络构成闭环系统，实现地面控制与车上控制结合、现地控制与中央控制结合，构成一个以安全设备为基础，集行车指挥、运行调整以及列车驾驶自动化等功能为一体的列车自动控制系统。

2.6 自动售检票系统简介

自动售检票(Automatic Fare Collection，AFC)，是一种有计算机集中控制的自动售票、自动检票、自动收费和自动统计的自动化网络系统。

自动售检票系统由上到下可以分为车票、车站终端设备、车站计算机系统、中央计算机系统和清分系统5个层次。

车站终端设备连接到计算机，车站计算机通过线路骨干网与线路中央计算机连接，各线路中央计算机通过地铁线网网络与清分中心连接。

自动售检票系统需要通信专业提供以太网接口，通过主干网实现网络连接。各种车站终端设备利用串行接口或以太接口和站计算机通信。

自动售检票系统是一个高度自治的系统，各级的联系是一种弱联系，一般在通信中断的情况下也可以独立工作并保存一个星期内的数据，通信恢复后自动上传。

2.7 常规机电系统简介

常规机电系统泛指通风空调系统、动力照明系统和给排水系统等。其中通风空调系统主要由空调机组、风机、风管、风阀等设备组成，通过这些设备不同运行状态的组合，能够在正常工况下排除部份列车产生的余热和余湿，吸入地面的新鲜空气，对车站区域和区间隧道进行通风换气保证空气环境质量，满足各种设备正常运转的需求和人员舒适度的要求，为乘客提供较舒适的乘车环境；在火灾工况下能够合理组织气流，形成一定的断面风速，有效防止烟气逆流，排除烟气，并向乘客、工作人员提供新风量，以便人员疏散和消防员灭火救灾。

动力照明系统细分为动力系统和照明系统。动力系统主要为车站内通信系统、信号系统、电扶梯系统、屏蔽门系统、自动售检票系统、火灾自动报警系统、旅客信息系统、常规机电系统、小动力配电箱等提供双切电源箱及相关电缆连接，从而为以上系统及分散的用电设备提供电源；照明系统是为车站和区间提供照明服务的系统，照明系统分为正常照明、应急照明和值班照明。其中，正常照明又包括工作照明、节电照明、附属用房照明、36 V安全照明、标识照明、广告照明等；应急照明包括疏散照明和备用照明。

给排水系统分为给水系统和排水系统。给水系统包含车站生产、生活给水系统和各站及地下区间水消防系统；排水系统包含各地下车站的污水排水系统、废水排水系统、污水泵房、废水泵房、车站局部排水泵房、地下区间隧道排水系统、区间排水泵房和洞口雨水排水泵房等。

2.8 屏蔽门系统简介

地铁屏蔽门是一项集建筑、机械、材料、电子和信息等学科于一体的高科技产品，使用于地铁站台。屏蔽门将站台和列车运行区域隔开，通过控制系统控制其自动开启。

地铁屏蔽门分为封闭式、开式和半高式。其中开式和半高式通常被叫作“安全门”，只起到安全和美观的作用；封闭式的通常才被人们叫作“屏蔽门”，也是最常用的一种。

地铁站台安装“屏蔽门”有效地减少了空气对流造成的站台冷热气的流失，保障了列车、乘客进出站时的绝对安全，降低了列车运行产生的噪音对车站的影响，提供了舒适的候车环境，具有节能、安全、环保、美观等功能。

地铁屏蔽门系统，使空调设备的冷负荷减少35%以上，环控机房的建筑面积减少50%，空调电耗降低了30%，有明显的节能效果。

地铁通风与空调系统应结合地铁的运输能力、当地的气候条件、人员舒适性要求和运行及管理费用等因素进行技术综合比较，作为确定车站是否设置屏蔽门的依据。

国内第一条安装地铁屏蔽门的是广州地铁二号线，随后上海、深圳、天津、北京等城市的地铁也安装了地铁屏蔽门。

2.9 电扶梯系统简介

电扶梯系统为城市轨道交通提供安全、舒适、方便的运输服务，提高车站的集散效率，提高乘客进出站的舒适度，保证轨道交通的通畅。轨道交通中采用的自动扶梯不同于一般商用型自动扶梯，主要表现在运量大、满载工作时间长、设备安全性和可靠性要求高，因此自动扶梯各主要部件应具有较高的性能。另一方面，轨道交通中早、晚的高峰时间，自动扶梯的运输强度最大，而在平峰时间，客流较小，20 h/天的运营时间内自动扶梯大部分时间处于空载运行工况。若自动扶梯速度不可调，长期处于额定速度运行状态，不但加速扶梯内各运动件的机械磨耗，而且消耗大量的能源。若扶梯在客流平峰时间或是空载情况下，其运行速度能自动降到一个较低的水平，这样既能减少扶梯低载或空载运行时的能耗，也能有效减少扶梯各运动件的机械磨耗，延长设备使用寿命。实现扶梯自动调速的功能，目前主要采用变频控制的方式。当扶梯上有乘客时，扶梯驱动电机由工频供电，扶梯在额定速度(0.65 m/s)下运行；当扶梯上没有乘客(空载)或乘客较少(低载)时，在变频器控制下将驱动电机切换到节能模式，此时扶梯在节能速度(0.13 m/s)下运行，以达到节能的目的。通过在扶梯上下水平段钢盖板下设置感应装置，可以准确感知扶梯荷载情况。

在地铁车站，自动扶梯、电梯是乘搭地铁的乘客经常使用的交通工具，是地铁开通运营后直接关系到乘客安全的设备，是保证乘客用最短的时间舒适的完成进站、出站的通道，因此自动扶梯、电梯的设备选择需要安全可靠。

地铁车站并设置无障碍电梯，确保无障碍乘坐。无障碍设计是国家的强制性规定，无障碍设计给残疾人以及老人、儿童等需要帮助的人群创造了乘坐地铁的绿色通道。电梯的设计应满足车站顶层无法设置电梯机房的要求，电梯的外观设计思路是将适应本线车站的不同特点和要求，实现既满足坐轮椅的乘客和盲人使用，又兼顾垂直运输，方便实用。

第3章 合同谈判

3.1 合同谈判的目的

由于系统集成涉及的系统多，牵涉面广，整个系统集成过程的复杂程度是非系统集成可相比拟的，这导致在合同中很容易出现一些范围不明确、责任不确定等问题，而这些问题将直接影响企业的效益甚至项目的成败，所以合同谈判双方都应按照实际情况，参考勘察、设计、施工、监理合同示范文本中的规定，就合同法中关于订立合同应遵循的原则问题、订立合同的方式问题、缔约过失责任问题、专用条款问题、免责问题、合同无效问题、合同效力待定问题、合同条款规定不明应遵循的原则问题、合同风险转移问题、承担违约责任问题等进行仔细分析。在合同谈判中依法合理确定双方的权利和义务，使合同履行风险降到最低，尽一切可能保质保量的完成工程施工。

3.2 合同谈判的主要内容

3.2.1 关于工程内容和范围的确认

工程的内容和范围是工程承包合同最基本的要素，因此在签订合同前的谈判中，必须首先共同确认。投标人应当认真重新核实投标报价的工程项目内容与合同中表述的内容是否一致，合同文字的描述和图纸的表达都应当准确，不能模糊含混。投标人应当查实自己的标价有没有任何只能凭推测和想象计算的成分。如果有这种成份，则应当通过谈判予以澄清和调整。应当力争删除或修改合同中出现的诸如“除另有规定外的一切工程”，“投标人可以合理推知需要提供的为本工程实施所需的一切辅助工程”之类含混不清的工程内容或工程责任的说明词句。

对于在谈判讨论中经双方确认的内容及范围方面的修改或调整，应和其他所有在谈判中双方达成一致的内容一样，以文字方式确定下来，并以“合同补充”或“会议纪要”方式作为合同附件并说明构成合同一部分。

招标人提出增减的工程项目或要求调整的工程量和工程内容时，投标人务必在技术和商务等方面重新核实，确有把握方可应允。同时以书面文件、工程量表或图纸予以确认，其价格亦应通过谈判确认并填入工程量清单。

招标人提出的改进方案或招标人提出的某些修改和变动，投标人应认真对其技术合理性、经济可行性以及在商务方面的影响等进行综合分析，权衡利弊后方能表态接受、有条件接受甚至拒绝。如改变对价格和工期产生影响，应利用这一时机争取变更价格或要求招标人改善合同条件以谋求更好的效益。

对于原招标文件中的“可供选择的项目”和“临时项目”应力争说服招标人在合同签订前予以确认，或商定一个最后确认期限。

3.2.2 关于技术要求、技术规范和施工技术方案

技术要求是投标人应认真注意的问题，我国在采用技术规范方面往往和国外有一定差异。

其中建筑工程技术规范的国家标准是强制性标准，企业生产中必须遵守。

由于城市轨道交通项目多为施工程序比较复杂的项目，在投标人提交的投标文件中都应提交施工组织设计方案及施工方法特别说明，并力争在合同谈判中使招标人赞同该方法，以显示公司的实力和实施该项工程的能力。

城市轨道交通项目受环境影响较为严重，因此当招标人不能够提供足够的水文资料、气象资料、地质资料时，除在投标报价时做好相应的技术措施外，也应考虑足够的不可预见费用，尝试在合同谈判时将该风险转由招标人承担。

3.2.3 关于合同价格条款

依据计价方式的不同，建设工程施工合同可以分为总价合同、单价合同和成本加酬金合同。一般在招标文件中就会明确规定合同将采用什么计价方式，在合同谈判阶段往往没有讨论的余地。但在可能的情况下，投标人在谈判过程中仍然可以提出降低风险的改进方案。

3.2.4 关于价格调整条款

由于城市轨道交通建设项目工期相对较长，容易遭受货币贬值或通货膨胀等因素的影响，可能给投标人造成较大损失。价格调整条款可以比较公正地解决这一投标人无法控制的风险损失。无论是单价合同还是总价合同，都可以确定价格调整条款，即是否调整以及如何调整等。可以说，合同计价方式以及价格调整方式共同确定了工程承包合同的实际价格，直接影响着投标人的经济利益。在建设工程实践中，由于各种原因导致费用增加的几率远远大于费用减少的几率，有时最终的合同价格调整金额会很大，远远超过原定的合同总价，因此投标人在投标过程中，尤其是在合同谈判阶段务必对合同的价格调整条款予以充分的重视。

3.2.5 关于合同款支付方式的条款

建设工程施工合同的付款分四个阶段进行，即：预付款、工程进度款、最终付款和退还保留金。关于支付时间、支付方式、支付条件和支付审批程序等有很多种可能的选择，并且可能对投标人的成本、进度等产生比较大的影响，因此，合同支付方式的有关条款是谈判的重要方面。

3.2.6 关于工期和维修期

投标人与招标人可根据招标文件中要求的工期，或者根据投标人在投标文件中承诺的工期，并考虑工程范围和工程量的变动而产生的影响来商定一个确定的工期。同时，还要明确开工日期、竣工日期等。双方可根据各自的项目准备情况、季节和施工环境因素等条件洽商适当的开工时间。

城市轨道交通系统集成管理项目一般内含较多的单项工程项目，可尝试在合同中明确允许分部位或分批提交业主验收，并从该批验收时起开始计算该部分的维修期，以缩短投标人的责任期限，最大限度保障自己的利益。

双方应通过谈判明确，由于工程变更（业主在工程实施中增减工程或改变设计等）、恶劣的气候影响以及种种“作为一个有经验的投标人无法预料的工程施工条件的变化”等原因对工期产生不利影响时的解决办法，通常在上述情况下应该给予投标人要求合理延长工期的权利。

合同文本中应当对维修工程的范围、维修责任及维修期的开始和结束时间有明确的规定，投标人应该只承担由于材料和施工方法及操作工艺等不符合合同规定而产生的缺陷。投标人应力争以维修保函来代替业主扣留的保留金。与保留金相比,维修保函对投标人有利,主要是因为可提前取回被扣留的现金,而且保函是有时效的,期满将自动作废。同时,它对业主并无风险,真正发生维修费用,业主可凭保函向银行索回款项。因此,这一作法是比较公平的。维修期满后,投标人应及时从业主处撤回保函。

3.2.7 合同条件中其他特殊条款的完善

主要包括:关于合同图纸,关于违约罚金和工期提前奖金;工程量验收以及衔接工序和隐蔽工程施工的验收程序;关于施工占地;关于向投标人移交施工现场和基础资料;关于工程交付;预付款保函的自动减额条款等等。

3.3 合同谈判技巧

合同谈判既是一门科学也是一门艺术,更是追求企业效益最大化的关键一环。合同谈判技巧很多,与时俱进的操作方法因项目和谈判对象而异。

3.3.1 注意营造良好的谈判氛围

中国有句俗话,叫做"和气生财"。为促进谈判,谈判者往往都会采取积极的态度去营造一个良好的气氛,使谈判在轻松的环境下进行!但是,因谈判涉及到各自的利益问题,谈判过程中难免出现各种不同程度的争执,使谈判气氛处于紧张状态。这种情况下,一个有经验的谈判者会在各方分歧严重、谈判气氛紧张的时候采取润滑措施舒缓压力,例如通过私下约谈沟通、共同进餐、组织宴会等形式,联络谈判各方的感情,进而在和谐氛围中重新回到议题,使谈判得以继续进行,最后促成谈判!

3.3.2 掌握谈判议程,控制谈判进度

城市轨道交通建设工程一般属于大型工程,合同谈判会涉及诸多需要讨论的事项,而各谈判事项的重要性并不相同,谈判各方对同一事项的关注程度也不相同。因此,一个成功的谈判者,首先要懂得合理地分配谈判时间,对于各议题的商讨时间应得当,不要过多地拘泥于细节性问题,这样可以缩短谈判时间,降低交易成本;其次要关注谈判各方的利益重合度,在保护好自己利益的前提下,尽量抓大放小、求同存异,使谈判结果最终达到一种双赢、多赢或共赢的境界,这样更利于谈判各方的进一步合作!

3.3.3 注意谈判角色分配与配合

一部戏,既有扮红脸的,又有扮白脸的,各种角色配合默契,才能上演一台精彩的好戏!同样,工程合同谈判也离不开"红脸"、"白脸"的相互配合。一般说来,在工程合同谈判中,谈判各方都由众多人员组成,而在这些组成人员中,每个人所扮演的角色又是不同的,谈判时应充分利用每个人的不同性格特征,有针对性地发表谈判意见:有软有硬,软硬兼施;有攻有守,进退自如!这样才能达到事半功倍的效果。同时,要注意在明确谈判目标和谈判目的的情况下,围绕首席谈判官的思路,充分发挥法律及工程造价等专业人士的作用,利用专家的权威性给对方施加心理压力,以取得良好的谈判效果!

3.3.4 扬长避短，虚实结合

一般情况下，谈判各方都有自己的优势和劣势，谈判者应在充分分析形势的基础上，做出正确的判断，制定相应的对策。一是，对于对方的弱点要善于把握和利用，利用其弱点，迫使其妥协、让步、就范；对于自己的弱点，则要尽量注意回避，在对方发现或者利用自己的弱势进行攻击时，要考虑是否让步；如让步，要考虑让步的程度，以及让步给自己带来多大的利益和损失。二是，谈判人员要学会和掌握建设方不同阶段的心理状态。另外，在谈判过程中，还要注意“喊价”与“砍价”的学问。一般情况下，喊价要适当地高、砍价要适当地狠。因为，在现实生活中，建设工程报价都有故意高报的倾向，而谈判就是给对方一个砍价机会，以满足对方的谈判心理，促进谈判进程。

3.3.5 适当拖延，并利用休会时机斡旋

当谈判遇到障碍、陷入僵局的时候，拖延与休会可以使明智的谈判方有时间冷静思考，在客观分析形势后，提出替代性方案。在一段时间的冷处理后，各方都可以进一步考虑整个项目的意义，进而弥合分歧，将谈判从低谷引向高潮。

第4章　设计联络

设计联络，又称为设计联络会议(Design Liaison Conference，DLC)，是目前国内参照西方产品设计中的与顾客(业主)从方案设计、技术设计到施工设计过程中通过的确认的过程，包含产品与外部的接口关系的确定。

设计联络的作用是提高产品、(子)系统设计水平，帮助并确认系统集成方完成产品设计。

根据工程建设和进度的需要系统集成方有责任制定合理、完整的设计联络计划报监理工程师、业主审评审批，组织业主、工程监理等有关单位参加设计联络，做好设计联络的准备工作并参加设计联络。同时应业主的要求前往出席各种与工程有关的会议。

设计联络期间，系统集成方应根据参会人数向业主提供有关系统设计方案文件及图纸和设备的技术资料。双方对提出的设计功能规格书及图纸文件做认真讨论研究，取得一致意见后，双方签字，系统集成方即可开展施工设计的工作。

如果系统集成方在设计工作中发现方案需要改动，双方应进行认真讨论洽商。洽商的结果应形成会议纪要，并作为合同的补充部分与合同文本等效。

系统集成方参加设计联络的技术人员必须是在合同设备方面有多年工作经验的工程师。所有参加联络会议的技术人员必须精通技术工作，身体健康。

系统集成方有责任答复业主提出的合同范围内的技术问题，并有责任向业主提供有关资料。

业主参加讨论并确认系统功能规格、系统设计、接口设计、系统标准、测试检验规范书等，但并不减轻系统集成方对合同项目所负的责任。

业主派出人员在国外，除有权行使总体商务条件中的权利外，有权决定设计、检验相关事项，有权签署试验报告。

系统集成方在投标文件中应给出设计联络建议书，在建议书中应包括(但不限于)：设计联络的内容、时间安排、形式、提交的文件、参加人员、地点、联络次数，并在报价中详细列明费用清单。详细细节在合同谈判中确定。

每次设计联络会结束后，系统集成方应将会议内容整理报业主备案。

4.1　设计联络阶段的安排

4.1.1　系统集成方与业主的设计联络总则

系统集成方与业主的设计联络由系统集成方负责召集、联络各系统供货商参加，系统集成方负责联络会的地点并提供联络会所需的办公设施(如计算机、打印机等)。

由系统集成方在每次的设计联络会议前，向业主提交设计联络工作报告。

在业主所在地举行的设计联络会议将不定期由业主召开。

4.1.2　买卖双方的责任

系统集成方应为设计联络期间的工作、旅行、当地交通和食宿提供方便，并提供会议设施，如会议室、黑板、投影仪、电脑、打印机等。

系统集成方应指定专门人员负责接待业主人员和处理有关工作和生活问题。

在设计联络开始阶段系统集成方应向业主、监理提交图纸资料，这些资料包括(但不限于)

如下内容：

1. 以招标文件技术规范书为基础编制的各系统功能规范书。

2. 产品的技术参数，采用的技术标准。相关的技术标准符合中国国家标准和国际标准。

3. 系统设计技术说明，各相关设备的接口方案细则。

4. 产品、系统设计图纸文件。

5. 系统集成方在各阶段的各项测试检验规范书和测试检验报告。

6. 文件管理规范。

在设计联络结束阶段系统集成方应提交的图纸资料包括：

1. 设备的最终功能规范书。

2. 以设计联络会确认的功能规范书和产品、系统设计图、标准为基础，完成最终设计、及对有关系统的接口设计。

3. 测试、检验规范书和技术标准的补充。

系统集成方需提供给设计单位做施工设计所需的资料，这些资料包括：

1. 各系统设备的功耗及要求。

2. 所有设备的尺寸、机柜重量和柜门位置。

3. 所有设备的电缆入口和地面电缆槽的要求。

4. 设备（包括轨旁设备）的安装方法及要求。

5. 各种设备的详细说明书，包含技术指标、功能说明、工作原理及附图和详细的设备布线图。

6. 本系统设备与其他系统设备之间的接口及标准。

7. 系统构成图、机架盘面布置图、接口板的端口配线图。

8. 设备的接地要求。

4.2　具体联络内容及安排

4.2.1　设计联络

设计联络人次及时间，根据工程的实际情况来决定，可以是一次，也可以是多次，设计联络时间根据工程节点日期和系统集成方的工作计划来决定。

4.2.2　第一次设计联络会议

系统集成方应按参加会议人数提供图纸资料作为会议讨论依据及设计依据，图纸资料包括（但不限于）：

1. 以招标文件为基础编制的系统功能规范书。

2. 产品的技术参数，采用的技术标准。相关的技术标准符合中国国家标准和国际标准。

3. 系统设计技术说明，各相关设备的接口方案细则。

4. 产品、系统设计图纸文件。

5. 系统集成方在各阶段的各项测试检验规范书和测试检验报告。

6. 文件管理规范。

第一次设计联络会议主要内容与责任如下：

1. 系统集成方对所供的系统/产品（包括分包商的系统/产品）设计负全责。确认系统功能、设备配置和系统内部接口。

2. 确认产品的技术参数、技术标准。

3. 确认与本系统相关的所有接口条件,与其他各系统的接口细则。

4. 确认各业务接入方式、通道分配、带宽配置,保护方式。

5. 提出对系统方案的优化内容并确认。

6. 确认系统及设备的保护配置。

7. 确认过渡方案:所需的软硬件调整方案及系统割接的实现方式。

8. 为了保证设计的正确性,系统集成方也应对业主提供的基础资料和与本系统相关的接口条件进行校核。

4.2.3 第二次设计联络会议

系统集成方根据参会人数提交相应份数的图纸资料作为会议讨论依据及设计依据,图纸资料包括(但不限于):

1. 以第一次设计联络会确认的功能规范书和产品、系统设计图、标准为基础,完成优化后的整个系统的最终设计、过渡方案。

2. 测试、检验规范书和技术标准的补充。

3. 提供给设计单位做施工设计所需的资料。

4. 本系统设备与其他系统设备之间的接口及标准;系统构成图、机架盘面布置图;时隙分配图;接口板的端口配线图、接口板至通信各配线架的配线图及端子分配图。

5. 设备的功耗及要求,各种设备板卡的详细说明书,包含技术指标、功能说明、工作原理及附图和详细的设备布线图;设备的尺寸、机柜重量和柜门位置。

6. 设备的接地要求。

7. 设备的安装方法、要求。

第二次设计联络主要内容与责任如下:

8. 确认设备板卡的性能、设备尺寸、机柜位置。

9. 确认设备的电源及接地。

10. 进一步确认各接口细则及与其他系统的配线,确认与配线架的连接、端子分配。

11. 确认测试检验项目测试手段及指标。

12. 进一步确认网管的配置及功能。

13. 确认系统软硬件的设置及修改。

14. 进一步确认测试、检验规范书和技术标准。

设计联络期间将根据需要参观系统集成方或系统的设备制造厂。

业主和监理工程师参加讨论并确认(子)系统功能规格、(子)系统设计、接口设计、(子)系统标准和测试检验规范书等,但并不减轻系统集成方对合同项目所负的责任。

4.2.4 第三次设计联络会议

第三次设计联络会议主要内容与责任如下:

1. 确认系统的扩容方式,所需的软硬件修改。

2. 确认系统的最终配置。

3. 确认最终施工方案。

4. 确认双方认为需要彼此澄清的问题。

5. 形成第三次设计联络会议纪要并出版。

4.2.5　业主到系统集成方所在地的联络会议

1. 系统集成方在中标后，与业主议定联络会议及每次联络会议的主要议题。次数和时间根据议题多少及议题的内容来定；一般次数不少于 3 次，时间每次不少于 2 周。

2. 联络会议定期举行，并通知业主派代表参加，对重大问题业主代表有权利提出异议，系统集成方和供货商必须及时予以澄清，会议内容报业主备案，但并不减轻系统集成方应负的合同责任。

3. 会议形式不限，可以采用互派技术人员的方式进行。

4.2.6　系统集成方在业主所在地的规定

1. 系统集成方派出对本系统以及对其他系统接口有相当经验的工程技术人员参会，并且在出发前提前 10 天将派出人员资质提交给业主确认。

2. 系统集成方人员将详细解释技术文件、手册、工程图纸及设备相应的注意事项，还负责回答和解决工程中提出的技术问题。

3. 系统集成方人员对业主方安装队伍的安装督导应包括安装、技术交底及现场示范。

4. 系统集成方人员对业主方操作人员上岗前的培训内容在第一次联络会议上确定。系统集成方人员应履行合同所规定的职责，否则业主方有权提出增加、更换系统集成方人员以及延长工作期限要求，直至符合合同的要求。

5. 系统集成方在投标文件中列出上述各项工作和时间安排所需的费用，在签定合同时执行。

6. 为完成上述工作，必要时系统集成方无条件地加派人员，费用由系统集成方承担。

4.2.7　工作协调会议

除合同规定的设计联络会议外，如有必要时，业主有权召集有关供货商举行工作协调会。系统集成方按时参加，费用按合同约定支付。

4.2.8　系统集成方服务费

系统集成方服务费用包括以下内容：

1. 各类培训使用系统集成方工具、仪表和仿真器的成本。

2. 教员以及书本费用。

3. 设计联络会所需的办公设施(计算机、打印机等)。

4. 系统集成方的服务费用。

系统集成方应在投标文件中，对系统集成方在设计联络、工厂培训和工厂出厂验收期间所发生的一切服务费的种类和单价，进行单独列表报价。

4.2.9　业主费用

业主费用包括以下内容：

1. 业主的旅行费用。

2. 当地的交通费用。

3. 业主人员的食宿及日常开支。

系统集成方将在投标文件中，对业主到系统集成方处进行设计联络期间所发生的一切费用的种类和单价，进行列表报价。

第5章　接口设计联络

5.1　概　　述

城市轨道交通系统是一个庞大而又复杂的综合系统，囊括了电力工程、通信工程、信号工程、土建工程、轨道工程、电子工程、行车调度系统和客运服务系统、线路、桥梁、隧道、建筑结构工程、区间设施和其他设施。接口问题在城市轨道交通系统工程中广泛存在，系统内专业之间、设备之间；系统外专业之间、设备之间相互依存，相互关联，存在着各种各样的极其复杂的接口关系。整个城市轨道交通系统工程质量的优劣、运行的安全稳定与否，不仅取决于系统内设计、生产、安装、调试的质量和自身内部问题的解决，而且还取决于外部接口问题的处理。

工程接口"隐形"技术较多，若对接口问题经验不足，掌握深度不够，会造成顾此失彼局面，任何环节若接口问题处理不当，轻者造成相互扯皮推诿，工程返工，影响工期，影响业主的投资，重者造成整个系统运行不稳定，无法正常使用。

通信、信号及牵引供电系统不但自身存在各种各样的接口，而且还与城市轨道交通其他专业系统存在接口，尤其以通信系统最为显著，可以说通信系统基本与城市轨道交通所涉及到的所有方面、各个专业系统都有接口。例如，通信与线路、与行车组织、与土建建筑结构、与装修、与机车车辆、与各大电信运营商、与有线电视、与无线电管理委员会、与公安消防系统等存在接口。处理好系统内、系统间的接口关系是通信、信号及牵引供电系统工程成功与否的关键问题之一。

5.2　接口的定义

从客观事物方面，接口从专业上面定义是一个专业与另一个专业之间的互提资料、责任承担界定；从设备方面定义：是一个设备系统与另一个设备系统物理上或软件上的信息交换。从信息管理方面，接口是项目参与方（总承包方、设计、监理和建设方等）为进行工程管理、设计、技术咨询服务、制造、监理和施工过程中所需的信息文件图纸资料。从接口动态控制方面，工程的不同阶段、同一阶段的不同系统都存在接口，考虑时间因素，则每个系统在事实过程中（设计、制造、运输、安装和调试）的各个环节都存在于其他系统的静态或动态的联系，都存在接口问题，有些系统接口简单，处理较为容易，有些系统接口问题复杂，接口技术含量高，需要多次系统之间在不同的时间周期内反复沟通协商才能最终确定。

5.3　接口设计联络的目的

5.3.1　功能、工期的保证

通过接口设计联络，超前协调各承包商、承建方接口方面的任务，使各参与工程建设方责任明确，边界清楚。

接口设计联络的成功与否，有利于系统使用功能的实现，例如通信系统是所有系统信息流通的平台，各专业与通信系统之间接口设计的成功，信息传输将不受影响，从而保证系统功能正常使用；反之，若与通信接口发生问题，往往造成信息流通受阻，系统功能无法正常使用，影响整个系统的功能实现。

在工期上，接口实施的好，有利于在满足总工期的前期下，分解各自的任务目标期限，通过接口设计联络，形成优化合理的系统工程实施的网络规划。

5.3.2 提高管理效率、控制系统质量

接口设计联络作为一项技术服务，协调各工程参与方的技术接口问题。一个成功的接口设计联络有利于控制系统质量。

5.3.3 规范设计变更、减少投资

涉及工程接口问题的设计变更，通过接口设计联络，协调考察各动议方的超前动议，可做到减少重复工程，选择优化的接口处理方法，在工程接口实施前，审查并批准设计变更，使投资减少到仅涉及设计图纸的程度。

5.3.4 统筹规划，明确责任和任务

接口设计联络依托于工程管理，但不限于工程本身，接口的出现很多情况下产生于管理模式、管理方法和管理水平，如设备软硬件连接接口、与地铁相关的其他外单位的接口，必须未雨绸缪，通过统筹规划，制定规则和任务计划督促各方按接口设计联络时制定的方案履行职责。

5.3.5 提供科学决策的客观环境

接口设计联络时各参与方处于平等的地位，利于工程接口实施方案的科学决策，做到各工程接口的动议方、监督方、执行方责任、任务明确，决策的时效性也能够加强。

5.4 接口内容

5.4.1 供电系统设备内外接口

1. 供电系统设备外部接口

供电系统设备外部接口包括：供电系统与电力部门接口，供电系统与轨道专业接口，供电系统与动力照明及其他专业接口；下面仅以一般情况下接口位置和接口类型进行描述。

(1)供电系统与电力部门接口

供电系统与电力部门接口位置在开闭所10(35)kV进线隔离柜受电侧。

(2)供电系统与动力照明及其他专业接口

供电系统与动力照明及其他专业接口位置在变电所0.4 kV低压配电柜出线开关的400 V馈线电缆连接端子螺栓。

(3)供电系统与轨道专业接口

接触轨(接触网)系统与轨道系统的接口界面在台座基础预埋螺栓孔，接触轨(接触网)支座预埋件由轨道系统负责提供和预埋，在道岔区的预埋件由道岔结构负责，在车辆段检修库内的预埋件由土建结构负责。

接触轨(接触网)连接的馈电、均流、回流电缆和并联电缆由供电系统负责；过轨穿管敷设由供电系统负责实施及穿管防护，轨道系统予以配合过轨穿管敷设及防护。

(4)供电系统与车辆接口

车辆段静调库和月修库内直流开关柜至静调电源分线箱电缆(含电缆头)及敷设由供电系

统负责，静调电源分线箱由车辆段设备工艺系统负责。

(5)供电系统与土建专业接口

①由土建专业负责的工作如下：

供电系统 10(35)kV 外电源电缆进入本工程开闭所的预埋管和电缆通道、各变电所进出电缆的孔洞及预留管由土建专业负责。

结构中的杂散电流监测引出端子及连接由土建专业负责

车站综合接地网由供电系统施工，动照施工按图将强电接地干线引至变电所设备房间内，设备房内的接地母排及母排至各设备的连接电缆由供电系统负责，车辆段变电所内接地网由供电系统施工。

②由供电专业负责的工作如下：

供电专业负责予以配合及验收进出变电所、区间结构和道床内需要预埋的各种供电专业使用的穿管。

供电专业负责供电系统设备安装孔洞封堵。

供电专业负责制作安装供电系统设备安装底座。

供电专业负责杂散电流监测系统设备安装和线缆连接。

因施工造成的沟、槽、孔、洞尺寸及穿管不能满足供电系统要求的，由供电专业自行处理解决。

(6)供电系统与综合监控专业接口

供电专业与综合监控专业接口包括采购接口与施工接口。

①供电系统与综合监控专业采购接口。供电系统与综合监控专业采购接口位置在变电所各类设备(开关柜、整流机组、配电变压器、交直流屏、隔离开关柜、再生能量吸收装置和轨电位等)的保护测控单元出口。

②供电系统与综合监控专业施工接口。该接口负责变电所自动化柜(设备)的安装、自动化柜至车站综合监控控制室的电缆敷设，并协调配合综合监控专业完成变电所自动化的调试。

(7)供电系统与变电所综合自动化的接口

供电系统与变电所综合自动化的接口在 10(35)kV 开关柜内测控保护设备或智能监控设备的外引通信端子排(图 5-1)，变电自动化与 10(35)kV 装置接口情况见表 5-1。

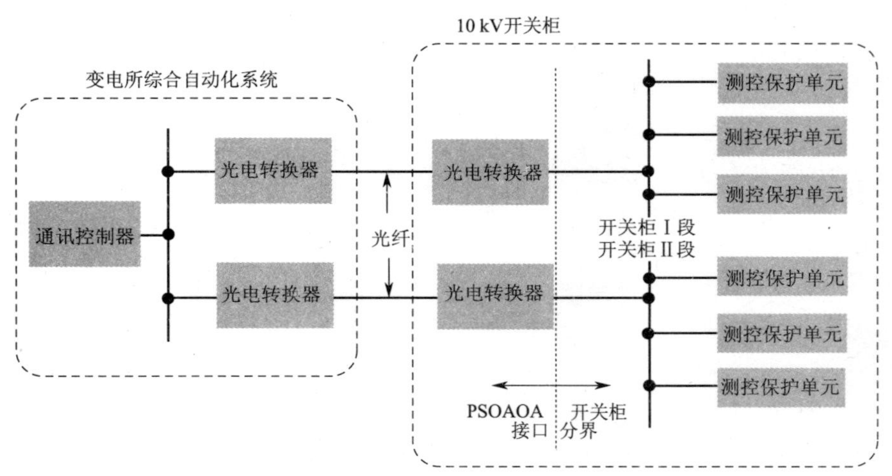

图 5-1 供电专业 10(35)kV 与变电所自动化接口

表 5-1　变电自动化与 10(35)kV 装置接口表

项　　目	内　　容
接口数量	2 个(两段母线各设 1 个)
接口类型	柜间为 RS422/485/232 或者其他类型串口，出柜处采用光纤 SC/FC/ST 接口
接口界面	在开关柜内测控保护设备或智能监控设备的外引通信端子排，接口方式采用数字通信接口
接口协议	modbus，canbus，lonworks，devicenet，IEC60870-5-103，sparbus，profibus 等现场总线规约
接口责任	(1)负责接口的相关接入工作。 (2)提供的光电转换装置(含配套的辅助电源)、通信光缆及所有光缆连接附件(负责现场接续、成端)。提供具体接头的型号、规格要求。 (3)提供光电转换装置在开关柜内的安装要求及接口设备的端子接线图，指导工厂安装。 (4)负责接口试验，开关柜供货商向变电所综合自动化供货商提供各类设备测控单元一套用于接口试验。此套测控单元在接口试验完成后由变电所综合自动化供货商完好无损及时归还。 (5)负责设备安装和电缆敷设。 (6)参加相关接口设备的出厂试验。 (7)完全无偿开放通信协议，完成接口接入工作。 (8)提供保护装置或测控装置之间以及保护装置或测控装置至光电转换装置的通信线，并负责完成连接。 (9)负责完成光电转换装置在柜内的安装及开关柜内的所有配线。 (10)负责接口设备与自动化屏间相关线缆的敷设，以及柜体安装。

供电系统与变电所综合自动化的接口在 1 500(750)V 开关柜内测控保护设备或智能监控设备的外引通信端子排(图 5-2)，变电自动化与 1 500(750)V 装置接口情况见表 5-2。

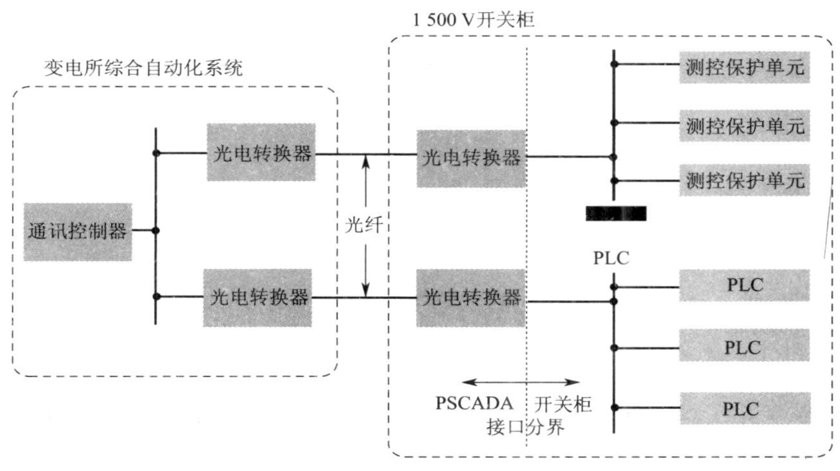

图 5-2　变电自动化与 1 500(750)V 装置接口

表 5-2　变电自动化与 1 500(750)V 装置接口表

项　目	内　　容
接口数量	2 个
接口类型	柜间为 RS422/485/232 或者其他类型串口，出柜处采用光纤 SC/FC/ST 接口
接口界面	在开关柜内测控保护设备或智能监控设备的外引通信端子排，接口方式采用数字通信口

续上表

项　目	内　　容
接口协议	modbus,canbus,lonworks,devicenet,IEC60870-5-103,sparbus,profibus 等现场总线规约
接口责任	(1)负责接口的相关接入工作。 (2)提供的光电转换装置(含配套的辅助电源)、通信光缆及所有光缆连接附件(负责现场接续、成端)。提供具体接头的型号、规格要求。 (3)提供光电转换装置在开关柜内的安装要求及接口设备的端子接线图,指导工厂安装。 (4)负责接口试验,开关柜供货商向变电所综合自动化供货商提供各类设备测控单元一套用于接口试验。此套测控单元在接口试验完成后由变电所综合自动化供货商完好无损及时归还。 (5)负责设备安装、电缆敷设。 (6)参加相关接口设备的出厂试验。 (7)无偿开放通信协议,配合完成接口接入工作。 (8)提供保护装置或测控装置之间以及保护装置或测控装置至光电转换装置的通信线,并负责完成连接。 (9)负责完成光电转换装置在柜内的安装及开关柜内的所有配线。 (10)负责接口设备与自动化屏间相关线缆的敷设,以及柜体安装。

供电系统与变电所综合自动化的接口在 400 V 开关柜内测控保护设备或智能监控设备的外引通信端子排(如图 5-3 所示),变电自动化与 400 V 装置接口情况见表 5-3。

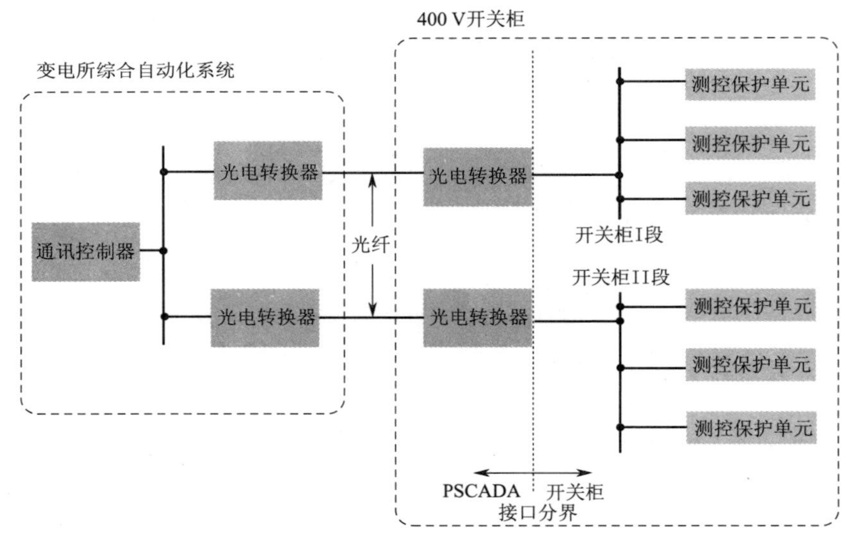

图 5-3　变电自动化与 400 V 装置接口

表 5-3　变电自动化与 400 V 装置接口表

项　目	内　　容
接口数量	2 个(两段母线各设 1 个)
接口类型	柜间为 RS422/485/232 或者其他类型串口,出柜处采用光纤 SC/FC/ST 接口
接口界面	在开关柜内测控保护设备或智能监控设备的外引通信端子排,接口方式采用数字通信接口。见上图。
接口协议	modbus,canbus,lonworks,devicenet,IEC60870-5-103,sparbus,profibus 等现场总线规约

续上表

项　目	内　　容
接口责任	(1)负责接口的相关接入工作。 (2)提供的光电转换装置(含配套的辅助电源)、通信光缆及所有光缆连接附件(负责现场接续、成端)。提供具体接头的型号、规格要求。 (3)提供光电转换装置在开关柜内的安装要求及接口设备的端子接线图,指导工厂安装;并负责将接口设备运至指定地点,包装运输费用由系统集成方负责。 (4)负责接口试验,开关柜供货商向变电所综合自动化供货商提供各类设备测控单元一套用于接口试验。此套测控单元在接口试验完成后由变电所综合自动化供货商完好无损及时归还。 (5)负责设备的安装、电缆敷设。 (6)参加相关接口设备的出厂试验。 (7)无偿开放通信协议,配合完成接口接入工作。 (8)提供保护装置或测控装置之间以及保护装置或测控装置至光电转换装置的通信线,并负责完成连接。 (9)负责完成光电转换装置在柜内的安装及开关柜内的所有配线。 (10)负责接口设备与自动化屏间相关线缆的敷设,以及柜体安装。

供电系统与变电所综合自动化的接口在变电所其他设备内测控保护设备或智能监控设备的外引通信端子排(图5-4)。供电系统与变电自动化其他设备接口情况见表5-4。

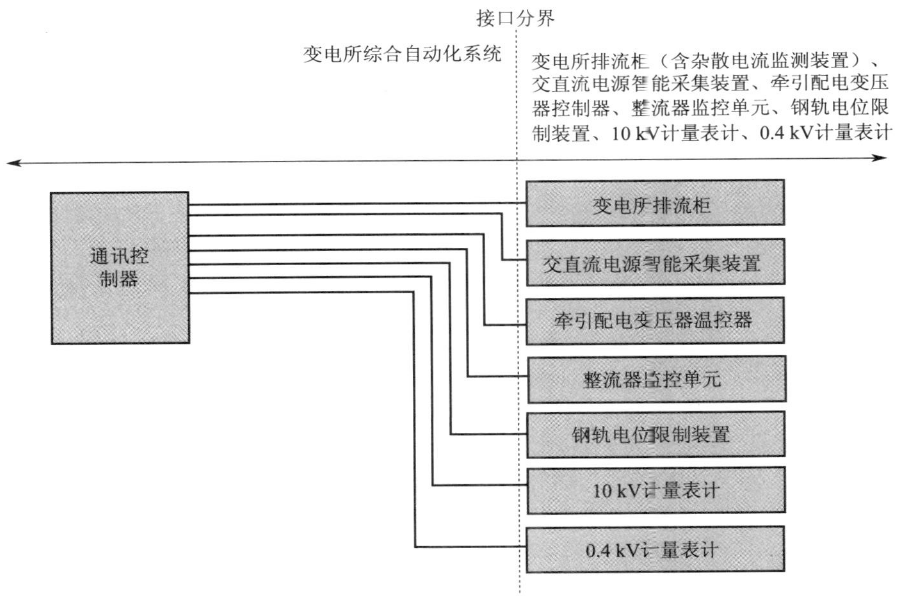

图5-4　供电系统与变电自动化其他设备接口

表5-4 供电系统与变电自动化其他设备接口表

项　目	内　　容
接口数量	各1个
接口类型	RS422/485/232或者其他类型串口
接口界面	在设备的通信端子排处见上图。

续上表

项　目	内　　容
接口协议	modbus，canbus，lonworks，profibus，RS422/485/232，IEC60870-5-103 等现场总线规约
接口责任	(1)负责接口的相关接入工作。 (2)提供通信电缆，并负责接续成端。提供相关端子接线图。 (3)负责接口试验，各相关设备供货商向变电所综合自动化供货商提供各类设备测控单元一套用于接口试验。此套测控单元在接口试验完成后由变电所综合自动化供货商完好无损及时归还。 (4)指导施工方进行设备安装和电缆敷设。 (5)参加相关接口设备的出厂试验。 (6)无偿开放通信协议，配合完成接口接入工作。 (7)负责接口设备与自动化屏间相关线缆的敷设以及柜体安装。

供电系统与综合自动化接口在再生电能消耗装置微机控制系统接线端子排。

供电系统与变电所综合自动化的接口在跟随所变压器内测控保护设备或智能监控设备的外引通信端子排。

供电系统与变电所综合自动化的接口在跟随所变压器内测控保护设备或智能监控设备的外引通信端子排(如图 5-5 所示)。

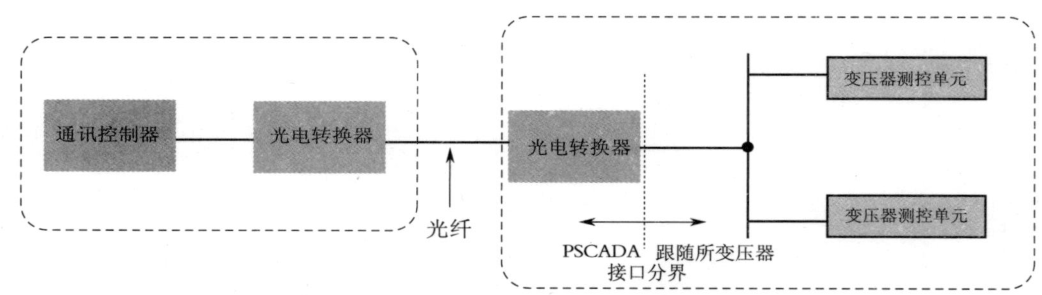

图 5-5　变电自动化与跟随所变压器接口

表 5-5　变电自动化与跟随所变压器接口表

项　目	内　　容
接口数量	1 个
接口类型	柜间为 RS422/485/232 或者其他类型串口，出柜处采用光纤 SC/FC/ST 接口
接口界面	在柜内测控设备或智能监控设备的外引通信端子排处，见上图。
接口协议	modbus，canbus，lonworks，devicenet，IEC 60870-5-103，sparbus，profibus 等现场总线规约
接口责任	(1)负责接口的相关接入工作。 (2)提供的光电转换装置(含配套的辅助电源)、通信光缆及所有光缆连接附件(负责现场接续、成端)。提供具体接头的型号、规格要求。 (3)提供光电转换装置在开关柜内的安装要求及接口设备的端子接线图，指导工厂安装。 (4)负责接口试验，变压器供货商向变电所综合自动化供货商提供各类设备测控单元一套用于接口试验。此套测控单元在接口试验完成后由变电所综合自动化供货商完好无损及时归还。 (5)负责进行设备安装、电缆敷设。 (6)参加相关接口设备的出厂试验。 (7)无偿开放通信协议，配合完成接口接入工作。

续上表

项 目	内 容
接口责任	(8)提供保护装置或测控装置之间以及保护装置或测控装置至光电转换装置的通信线，并负责完成连接。 (9)负责完成光电转换装置在柜内的安装及开关柜内的所有配线。 (10)负责接口设备与自动化屏间相关线缆的敷设，以及柜体安装。

供电系统与变电所综合自动化的接口在屏体接地螺栓(端子)

(8)UPS整合电源系统与其他专业接口

①UPS整合电源系统与低压动照专业。UPS整合电源系统负责从变电所400 V两段母线上分别引入两回独立电源至直流电源整合系统直流盘的进线端处，直流盘端子排外侧由低压动照专业负责。

②UPS整合电源系统与用电源整合供电的各弱电系统(包括通信、自动售检票、综合监控、门禁、乘客信息、办公自动化等系统)。由各弱电系统将交流220 V后备电源引至各系统电源设备的进线端处。

③UPS整合电源系统与应急照明EPS专业。在车站、控制中心，由UPS整合电源系统负责提供直流220 V后备电源至EPS电源设备的进线端处，EFS电源设备端子排外侧由UPS整合电源系统负责。

端子排内侧(含端子排)由EPS专业负责。

2.供电系统设备内部接口

(1)10(35)kV开关柜

10(35)kV开关柜与10(35)kV微机保护测控装置的接口分界在微机保护测控装置端子排。

①10(35)kV开关柜与变电所综合自动化系统接口在开关柜内预留变电所综合自动化系统协议转换单元、光电转换单元的安装位置。

②10(35)kV开关柜与电能质量监测系统接口在开关柜内预留电能质量监测系统协议转换单元、光电转换单元的安装位置。

③10(35)kV开关柜与所内其他设备接口在开关柜控制小室端子排处。

(2)DC1500(750)V开关柜类设备

DC1500(750)V开关柜与变电所综合自动化系统接口责任分界点在开关柜二次端子排及数字通信接口。

(3)钢轨电位限制装置

钢轨电位限制装置与变电所综合自动化接口在轨电位限制装置控制单元的通信接口。

(4)400 V开关柜

①400 V开关柜与变压器的接口。变压器低压母排与开关柜进线母排采用低压母线连接时，接口分界在变压器低压母排接线端子。低压柜供货商负责提供由开关柜至变压器低压母排接线端子之间的低压母线及连接件。

接口母线两端接线端子材质与所连接母线相适应。

接口母线的支撑、截面尺寸由变压器供货商根据变压器容量提出，并由开关柜供货商进行确认。

变压器供货商向开关柜供货商提出接口母线在变压器端的安装要求和接线要求。并有责任与开关柜供货商一起完成现场的接口母线安装、试验。

②400 V 开关柜与出线电缆的接口界面为出线电缆接线端子。开关柜供货商提供电缆接线端子，负责出线电缆敷设至开关柜内接线端子处，并安装电缆头。

③400 V 开关柜安装的接口界面为开关柜安装地脚螺栓。低压柜供货商提供低压柜安装地脚螺栓。

④400 V 开关柜接地的接口界面为开关柜接地螺栓。低压柜供货商提供低压柜接地螺栓

⑤400 V 开关柜与 FAS 系统（火灾自动报警系统，下简称 FAS）的接口界面在开关柜出线回路的端子排处。FAS 系统向开关柜非消防回路开关发出指令，动作于本回路的分励脱扣器，切除本回路的电源。脱扣器信号接点返回信号给 FAS 系统。分励脱扣回路需配置断路器辅助触点，同时面板上配置红绿灯，指示断路器的合分闸位置。

⑥400 V 开关柜与综合自动化的接口。低压柜中联锁控制 PLC（可编程逻辑控制器）、智能电力仪表、智能采集模块均采用 RS485 总线方式接至变配电所综自系统的通信单元，通信单元由变配电所综自系统供货商负责。开关柜供货商负责提供设备的通信规约、设备的组网、相关参数整定、调试、维护、信息上传等，配合变配电所综自系统集成及调试直至整个供电系统工程的完成。

低压柜供货商提供一套智能单元供变电所综合自动化供货商做变电所综合自动化系统与各保护测控单元间的接口试验，接口试验完成后由变电所综合自动化供货商完好无损及时归还给低压柜供货商。智能单元送至变电所综合自动化供货商指定地点的包装运输费用由低压柜供货商负责；智能单元还至低压柜供货商指定地点的包装运输费用由变电所综合自动化供货商负责。

与全所自动化监控网络采用光纤接口时，光纤接头的制作及安装过程中，低压柜供货商给予施工方足够的指导。对于非标准的光纤接口，光纤连接的专用配件及专用工具由低压柜供货商提供；对于标准的光纤接口，低压柜供货商提供具体接头的型号、规格、参数等要求。

(5)整流机组和配电变压器

①整流变压器与 10(35)kV 开关柜的接口分界在温控装置端子排的出线端子处。

②整流变压器与变电所综合自动化的接口分界在温控器端子排。

③整流变压器与变电所安装承包商接口界面在高压、低压进出线端子及电缆固定支架；在接地用螺栓及端子；在所有信号（保护、预告、温度测量）引至外接端子（含端子）。

④整流器与 10(35)kV 开关柜、DC1 500(750)V 开关柜的接口在整流器柜内二次保护端子排的出线端子。

⑤整流器与变电所综合自动化的接口在整流器数据采集装置通信接口端子排。

⑥配电变压器与 10(35)kV 开关柜的接口在变压器温控装置端子排的出线端子。

⑦配电变压器与变电所综合自动化接口在温控器端子排。

(6)10(35)kV 系统微机保护测控单元与 10(35)kV 开关柜

10(35)kV 系统微机保护测控单元与 10(35)kV 开关柜的接口的界面在微机综合保护测控单元接线端子排。

(7)10(35)kV 系统微机保护测控单元与变电所综合自动化

10(35)kV 系统微机保护测控单元与变电所综合自动化的接口界面在综合自动化系统协

议转换单元通信接口。

(8)10(35)kV电缆与10(35)kV开关柜

10(35)kV电缆与10(35)kV开关柜的接口位置在10(35)kV开关柜进线接线端子。

(9)DC1500(750)V电缆与开关柜

DC1500(750)V电缆与开关柜的接口位置在开关柜接线端子。

(10)杂散电流监测装置与变电所综合自动化的接口

监测装置与SCADA:采用国际标准通信规约,接口类型支持RJ45/100 M以太网。

(11)UPS电源整合系统

①UPS电源整合系统与动力照明及各弱电系统供电的接口。UPS电源整合系统与动力照明及各弱电系统供电的接口情况见表5-6。

表5-6 UPS电源整合系统与动力照明及各弱电系统供电的接口表

专业名称	UPS电源整合系统	各弱电系统	动力照明
物理接口界面	UPS电源整合系统智能馈线配电柜出线端子排		
接口责任	提供智能馈线配电柜,智能馈线配电柜向各系统提供两路AC380/220 V不间断电源,提供馈线电缆的接线端子排,负责提供进线柜、UPS、馈线柜之间所有连接线缆,并负责敷设连接	提供智能馈线配电柜到各弱电系统专业机房内总配电箱的馈线电缆,以及各专业机房内总配电箱,负责馈线电缆敷设、连接	提供降压所低压开关柜至UPS整合电源之间的动力配电装置及馈线电缆,负责敷设、安装及连接

②UPS电源整合系统与综合监控系统通信的接口。UPS电源整合系统与综合监控系统通信的接口情况见表5-7。

表5-7 UPS电源整合系统与综合监控系统通信的接口表

专业名称	UPS电源整合系统	综合监控系统
物理接口界面	UPS电源整合系统的通信接口输出端	
接口责任	提供通信端口,以及通信规约、点表、系统图、平面布置图等资料。提供光电转换装置、配套电源模块的安装位置,以及辅助电源	提供UPS机柜到综合监控机柜通信电缆或光缆(含光电转换装置以及配套电源模块等相关附件,提供安装要求),并负责完成敷设、成端、连接
	协助综合监控系统供货商完成监控网络接口设计、试验及调试	负责完成监控网络接口设计、试验、及调试
	向综合监控系统供货商提供一套监控装置用于接口试验,并负责运送到业主指定地点	负责接口试验。接口试验结束后,负责将监控装置归还给UPS电源供货商
	在出厂前,按照典型UPS通信单元网络形式组网,与综合监控系统进行通信功能实验	配合试验
	无偿开放通信协议	配合通信调试

③UPS电源整合系统与施工单位接口。UPS电源整合系统与施工单位接口情况见表5-8。

表 5-8 UPS 电源整合系统与施工单位接口表

专业名称	UPS 电源整合系统	施工单位
接口责任	负责提供进线柜、UPS、馈线柜之间所有连接线缆，并负责敷设连接；负责提供蓄电池之间以及蓄电池和 UPS 之间的连接电缆，并负责蓄电池之间的电缆敷设、成端和连接。指导施工单位进行 UPS 设备和蓄电池组之间的电缆敷设和连接	负责提供并安装钢支架、设备固定、安装以及蓄电池组至 UPS 之间的电缆敷设、成端和连接
	负责提供电池支架以及地脚螺栓	安装
	提供所有信号引至外接端子(含端子)	安装
	为电缆敷设设计入口，并考虑安装后的封堵措施	封堵
	负责柜体内设备的安装、接线，以及柜体间的所有二次回路接线	配合
	负责所供设备的安装督导、调试督导	安装
	提供柜内进出线端子及电缆固定支架	安装
	解决相关设备安装、调试过程中的技术问题	配合

(12)再生电能吸收装置

①再生电能吸收装置与 1 500(750)V 开关柜接口在再生电能吸收装置微机控制系统接线端子排。

②再生电能吸收装置与整流机组或 10(35)kV 开关柜等设备接口在再生电能消耗装置微机控制系统接线端子排。

(13)电能质量管理系统

①电能质量管理系统与控制中心通信系统的接口。电能质量管理系统与控制中心通信系统接口在本工程通信设备室机房通信设备机架处。

②电能质量管理系统与控制中心时钟系统的接口。电能质量管理系统与控制中心时钟系统接口在本工程通信设备室机房时钟设备机架处。

③电能质量管理系统与控制中心电源系统的接口。电能质量管理系统与控制中心电源系统接口在机柜电源接线端子处。

④电能质量管理系统与车站通信系统的接口。电能质量管理系统与车站、车辆段通信系统接口在本工程车站、车辆段通信设备室机房通信设备机架处。

⑤电能质量管理系统与 10(35)kV 开关柜的接口。电能质量管理系统与 10(35)kV 开关柜的接口情况见表 5-9。

表 5-9 电能质量管理系统与 10(35)kV 开关柜的接口表

接口数量	4～8 个
接口类型	RJ45 电口
接口界面	在开关柜内交换机的 RJ45 端口，接口方式采用数字通信接口
接口协议	MODBUS/TCP、NPLAN/WAN 等
电能质量管理系统供货商责任	(1)负责接口的相关接入工作。 (2)提供交换机、通信光缆及所有光缆连接附件(负责现场接续、成端)。应提供具体接头的型号、规格要求。

续上表

电能质量管理系统供货商责任	(3)提供交换机在开关柜内的安装要求及接口设备的端子接线图,指导工厂安装;并负责将接口设备运至开关柜供货商指定地点。 (4)负责接口试验,业主向外部监控系统供货商提供智能表计一套用于接口试验。表计在接口试验完成后由外部监控系统供货商完好无损及时归还。 (5)负责设备安装、电缆敷设。 (6)无偿开放通信协议,完成接口接入工作。 (7)提供智能表计,及其与交换机之间的线缆,并负责完成连接。 (8)负责完成交换机、光纤终端盒在柜内的安装及开关柜内的所有配线。

⑥电能质量管理系统与400 V开关柜的接口。电能质量管理系统与400 V开关柜的接口情况见表5-10。

表5-10 电能质量管理系统与400 V开关柜的接口表

接口数量	10～20个
接口类型	串口、RJ45电口
接口界面	在开关柜内光电转换器输入端,接口方式采用数字通信接口
接口协议	MODBUS/TCP、NPLAN/WAN等
电能质量管理系统供货商责任	(1)负责接口的相关接入工作。 (2)提供光电转换器、通信光缆及所有光缆连接附件(负责现场接续、成端)。应提供具体接头的型号、规格要求。 (3)提供光电转换器在开关柜内的安装要求及接口设备的端子接线图,指导工厂安装;并负责将接口设备运至开关柜供货商指定地点。 (4)负责接口试验,业主向外部监控系统供货商提供智能表计一套用于接口试验。表计在接口试验完成后由外部监控系统供货商完好无损及时归还。 (5)负责设备安装、电缆敷设。 (6)无偿开放通信协议,完成接口接入工作。 (7)提供智能表计,及其与光电转换器之间的线缆,并负责完成连接。 (8)负责完成光电转换器、光纤终端盒在柜内的安装及开关柜内的所有配线。

⑦电能质量管理系统与接地系统接口。电能质量管理系统与接地系统接口分界在屏体接地螺栓(端子)。

⑧电能质量管理系统与土建的接口。电能质量管理系统供货商提供预埋螺栓、紧固件等安装用附件;提供与土建施工相关资料和图纸。系统集成方负责柜体安装的基础并实施安装,负责柜体电缆进出线开孔,并提供电缆入口的封堵件、柜内电缆夹及支架。

5.4.2 常规机电系统设备内外接口

1. 动力照明系统(含综合接地)

(1)动力照明系统与外部接口

①动力照明系统与变电所系统接口。动力照明系统与400 V开关柜的接口位置在开关柜出线开关的400 V馈线电缆连接端子螺栓。螺栓连接的母排及螺栓由供电系统负责,螺栓以下馈出电缆由动力照明系统负责。

动力照明系统与变电所交流盘接口位置在交流盘电源进线开关上口,由低压柜至交流盘进线开关上口的配管配线由动力照明负责。

电气火灾报警系统在400 V开关柜内设置电流互感器和电气火灾探测器。通过信号线路传输至电气火灾监控系统主机。电气火灾报警系统在400 V开关柜内的安装调试由降压变电所负责。

②动力照明系统与通信、信号系统接口以通信、信号专业专用配电箱开关下口为界，至通信设备的线缆由通信系统负责。

③动力照明系统与综合监控专业接口。

a. 以动力照明控制箱(柜)二次端子排为界。至综合监控系统管线综合监控系统负责。

b. 应急照明与车站设备监控系统的界面在EPS设备内的二次端子排。至综合监控系统管线综合监控系统负责。

c. 以智能照明控制系统控制器接线端子为界。至综合监控系统管线综合监控系统负责。

d. 以UPS整合电源系统智能控制单元接线端子为界，至综合监控系统部分由综合监控专业负责。

④动力照明系统与FAS专业接口。

a. 防火阀。动照专业仅负责为防火阀敷设AC220 V供电用管线。

b. 防灾报警以FAS系统集中电源装置进线上口为界面，动照专业敷设供电管线至FAS集中配电盘进线上口。

FAS控制应急照明以应急照明控制箱内端子排为界面，FAS专业提供消防信号至应急照明控制箱。

⑤动力照明系统与屏蔽门专业界面接口在屏蔽门控制室配电箱馈出开关下口。接口以下部分由屏蔽门系统负责。

⑥动力照明系统与土建专业接口。车站综合接地网由土建单位负责土方开挖及回填施工，动照系统施工负责完成接地铜排、接地极的预埋及焊接施工，并将强电接地干线引至变电所设备房间内，还负责设备房内的接地母排及母排至各设备的连接电缆敷设。

设备管线预留预埋的基础孔洞及穿管由设备系统提出要求，由土建系统负责实施

(2)动力照明系统内部接口

①动力照明系统与配电箱的接口。

a. 配电箱的电源入口以箱内接线端子为界，箱内电源布线由供货商负责，并考虑不同截面的线缆接入的条件。

b. 配电箱的输出出口以箱内出线端子为界，箱内所有控制线的布线由供货商负责，并考虑不同截面的线缆接出的条件。

c. 箱内安装有照明智能控制元件的照明配电箱，其智能控制元件由BAS(环境与设备监控系统，以下简称BAS)专业供货。

②动力照明系统与应急电源配电柜的接口。

a. 应急电源配电柜的电源入口以柜内接线端子为界，柜内电源布线和保护自动装置由供货商负责，并考虑不同截面的电缆接入的条件。

b. 应急电源柜的输出出口以柜内出线端子为界，柜内电路的控制与线路保护由供货商负责，并考虑不同截面的电缆接出的条件。

c. 柜的安装的固定方式由供货商提供，系统集成方提供安装的螺栓及专用的安装工具(有特殊要求时)。

③动力照明系统与照明灯具配电箱的接口。

a. 照明灯具配电箱的电源入口以箱内接线端子为界，箱内电源布线由供货商负责，并考虑不同截面的线缆接入的条件。

b. 配电箱的输出出口以箱内出线端子为界，箱内所有控制线的布线由供货商负责，并考

虑不同截面的线缆接出的条件。

c. 箱内安装有照明智能控制元件的照明配电箱，供货商在箱内预留出智能控制元件的安装位置，并负责这些元件在箱内的安装及接线。

d. 配电箱的安装及固定方式由供货商提供，供货商提供安装的螺栓、支架及专用的安装工具(有特殊要求时)。支架表面进行防腐处理，颜色与配电箱箱体颜色协调一致。

④电力火灾监控系统元件配置在各照明配电箱内，在配电箱面板上预留本系统控制面板。

⑤智能照明系统开放其通信协议及端口，供各相关系统接入。

⑥智能照明控制系统同 FAS、综合监控等系统存在接口，一般情况下，接口界面设置于智能照明控制系统设备接线端子处。

2. 给排水系统

(1)给排水系统外部接口

外部接口与给排水系统相关接口见表 5-11。

表 5-11 外部接口与给排水系统相关接口表

序号	接口单位	接口名称	接口内容及界面	由接口单位完成的工作内容	由给排水专业完成的工作内容
1	相临标段承包商	管道安装接口	车站与区间连接处管线安装，以沉降缝处为分界点		提供负责标段内的管道及设备安装
2	设备供应商	设备安装	以设备存放地为分界点	提供设备运输至设备存放地，并负责指导设备安装及调试	提供设备安装、调试
3	动力照明	设备电源线缆安装	电源线缆，以控制柜(箱)输入、输出端口为分界点	控制柜(箱)电源线和控制柜(箱)至设备的线缆安装、调试。	确定控制柜(箱)和设备的位置
4	BAS/FAS	设备控制线缆安装	控制线缆，以控制柜(箱)输入、输出端口为分界点	控制柜(箱)至设备的控制线缆安装.调试。	确定控制柜(箱)和设备的位置
5	土建施工承包商	沟槽孔洞、设备基础、预埋件等	给排水专业有关的沟槽孔洞、设备基础、预埋件	按给排水设计要求预留沟槽孔洞、设备基础、预埋件等。	提供预留沟槽孔洞、预埋件等位置、尺寸要求。
6	装修承包商	冲洗水栓箱外表面处理，卫生器具选用、安装	冲洗水栓箱外表面与装修协调处理，以消火栓箱、冲洗水栓箱外表面为分界点；卫生器具按装修配置，以卫生器具上下水接口为分界点	冲洗水栓箱外表面与装修协调设计及安装，卫生器具选用、安装	提供冲洗水栓箱及内部构件安装，上下水与卫生器具的连接。
7	市政自来水公司	车站给水引入管	给水引入管与市政自来水系统连接，以室外水表井为分界点	负责水表井与市政自来水管线的连接管线施工	负责水表井后与车站给水管线连接段的施工
8	市政排水公司	区间排水管	排水管与市政排水系统连接，以室外建筑红线内最后一个检查井为分界点	负责排水检查井与市政排水管线的连接管线施工	负责排水检查井与车站排水管线连接段的施工

(2)给排水系统内部接口

控制箱包括电源输入、水位信号和故障信号。

控制箱包括超高、超低水位信号(仅对应于设有超高、超低水位的控制箱类型)、每台水泵故障状态信号、每台水泵运行状态信号和手/自动状态信号。

控制箱以上信号输出设置设备监控外信号端子排,外信号为干接点方式。

控制箱的面板包括超高、超低水位报警显示(仅对应于设有超高、超低水位的控制箱类型)、水泵启/停按钮、水泵手/自动转换开关、电源故障显示和故障显示。

3. 消防系统

外部接口与水消防系统相关接口见表5-12。

表5-12 外部接口与水消防系统相关接口表

序号	接口单位	接口名称	接口内容及界面	由接口单位完成的工作内容	由给排水专业完成的工作内容
1	相临标段承包商	管道安装接口	车站与区间连接处管线安装,以沉降缝处为分界点		提供负责标段内的管道及设备安装
2	设备供应商	设备安装	设备,以设备存放地为分界点	提供设备运输至设备存放地,并负责指导设备安装及调试	提供设备安装、调试
3	动力照明	设备电源线缆安装	电源线缆,以控制柜(箱)输入、输出端口为分界点	控制柜(箱)电源线和控制柜(箱)至设备的线缆安装、调试	确定控制柜(箱)和设备的位置
4	BAS/FAS	设备控制线缆安装,消防水箱(池)水位信号	控制线缆,以控制柜(箱)输入、输出端口为分界点	控制柜(箱)至设备的控制线缆安装、调试	确定控制柜(箱)和设备的位置
5	土建施工承包商	沟槽孔洞、设备基础、预埋件等	给排水专业有关的沟槽孔洞、设备基础、预埋件	按给排水设计要求预留沟槽孔洞、设备基础、预埋件等	提供预留沟槽孔洞、预埋件等位置、尺寸要求
6	装修承包商	消火栓箱外表面处理	消火栓箱外表面与装修协调处理,以消火栓箱、冲洗水栓箱外表面为分界点	消火栓箱外表面与装修协调设计及安装	提供消火栓箱及内部构件安装

4. 环控通风、采暖系统

(1)环控通风、采暖系统与外部接口

①环控通风、采暖系统与综合监控专业接口。

a. 电动风量调节阀与综合监控系统的接口。综合监控系统与电动风量调节阀无直接物理接口,通过手操箱、环控电控柜(MCC)接口监控电动风量调节阀开、关及故障运行状态。

连续调节式电动风量调节阀的监控点有阀位开度控制(工况控制)、阀位开度状态显示和故障状态显示。

通断式电动风量调节阀的监控点有开控制、关控制、开到位状态显示、关到位状态显示和故障状态显示等。

部分电动风量调节阀与风机联锁,则该电动风量调节阀的联锁启停由环控电控柜完成。

b. 自动防火阀与综合监控系统接口。自动防火阀的监控点有开到位状态显示和关到位状态显示等。

c. 防烟防火阀(气消开关、DF、DP)与综合监控系统接口要求。防烟防火阀的监控点有关控制、开(复位)控制、开到位显示、关到位显示和故障状态显示等。

防烟防火阀的执行机构采用直流 220 V±10%电源驱动,该电源由综合监控系统提供,同时提供手操箱供安装、调试检修使用。

防火阀与综合监控系统的接口在防火阀的接线端子排。

防火阀接线盒预留端子比正常配电容量线径高 1～2 个等级。

当一个防火阀有一个以上的执行机构时,各执行机构之间的连接电缆由系统集成方提供并进行连接,综合监控系统对一个防火阀只接受一个电气接口接点。

②环控通风、采暖系统与 FAS 系统接口。防烟防火阀的监控点如下:关控制、开(复位)控制、开到位显示、关到位显示、故障状态显示。

防烟防火阀的执行机构采用直流 DC24 V±10%电源驱动,该电源由综合监控系统提供,同时提供手操箱供安装、调试检修使用。

防火阀与综合监控系统的 FAS 系统的接口在防火阀的接线端子排。

防火阀接线盒预留端子比正常配电容量线径高 1～2 个等级。

当一个防火阀有一个以上的执行机构时,各执行机构之间的连接电缆由系统集成方提供并进行连接,综合监控系统对一个防火阀只接受一个电气接口接点。

(2)环控通风、采暖系统内部接口

①风机。风机配用电机采用 380 V/50 HZ(范围)三相电源。风机启、停由控制柜内完成。

风机的安全保护报警电源由控制柜内提供。提供各种型号风机运转时噪声频谱分析,以便配用消声器。向结构专业提供风机荷载点的静荷载和动荷载,并提供安装要求。

②多联体空调。

a. 系统集成方积极主动地配合并处理好与综合监控、动照配电、给排水等各系统专业的相关技术接口工作。

b. 动照配电系统与变频多联机室外机、室内机的接口在室外机、室内机的接线端子处,并由动照系统负责接线。

c. 室内机的凝水结合车站排水系统设置,遵循就近排放的原则。

③新风换气机系统集成方积极主动地配合并处理好与动照配电、土建等各系统专业的相关技术接口工作。

④风阀。电动风量调节阀为一级负荷或二级负荷,电动执行机构采用 AC220 V/50 Hz 电源,由动力照明系统提供电源至风阀接线端子处。

电动风量调节阀就地控制和远程控制的切换在风阀的环控电控柜(MCC)或手操箱中实现。

电动风量调节阀与动照专业的接口在系统集成方提供的电动风量调节阀接线端子。当一个电动风量调节阀有一个以上的执行器时,各执行机构之间的连接电缆由系统集成方提供并负责连接,业主对一个风阀只接受一个电气接口点,即位于系统集成方提供的集中端子盒内。

5.4.3　综合监控系统设备内外接口

1. 综合监控系统接口概述

综合监控系统与相关系统的接口包括(但不限于)串行数据接口、以太网数据接口和硬线接口等类型。

2. 综合监控系统与串行数据接口

标准的 RS422/RS485/RS232 接口，波特率采用 19.2 Kbit/s 及以下支持通用的、开放的、软件解码的协议当现场发生任何变化时，接口上的数据将会在 0.5 s 之内更新接口的通信通常采用查询或事件触发方式进行以太网数据接口。

3. 综合监控系统与以太网数据接口

10 Mbit/s/100 Mbit/s 自适应 IEEE802.3 以太网接口支持 TCP/IP 接口，支持通用的、开放的、软件解码的协议，当现场发生任何变化时，接口上的数据将会在 0.5 s 之内更新接口的通信通常采用查询或事件触发方式进行。系统集成方负责提供与集成系统和互联系统的接口协议转换所必须的硬件和软件设备，且该设备除进行协议转换外，不兼有其他功能。

4. 综合监控系统与系统硬线接口

综合监控系统与其他系统的硬线接口包括 DI、DO、AI、AO 接点为独立的无源接点，输入信号由综合监控系统提供查询电源。

5. 综合监控系统与通信专业的接口

通信专业负责为综合监控系统在控制中心、车站、车辆段提供上下行所用的光纤，接口位置在通信机械室光纤配线架。

6. 综合监控系统与动力配电的接口

动照专业为车站综合监控系统在弱电机械室提供一级负荷的供电，经在线式集中 UPS 输出后分配给综合监控系统设备，接口位置在弱电 UPS 配电柜出线端子排。

由低压配电专业为车站、车辆段和控制中心系统设备提供综合接地系统，接地电阻不大于 0.5 Ω(≤0.5 Ω)。接口分界在配电盘接地螺栓(端子)。

7. 综合监控系统与土建的接口

系统集成方提供服务器柜、控制机柜、配电盘、IBP 盘等与土建施工相关资料和图纸。

施工单位负责提供设备安装的基础并实施安装。

8. 综合监控系统与被控设备接口

(1)BAS 子系统与其监控对象的接口

①BAS 子系统与低压配电系统的接口。

a. 接口概述。本接口定义低压配电系统(P&L)和 BAS 之间的接口技术规格。

低压配电系统包括照明系统的照明控制器、事故电源 EPS 设备和三级负荷总开关。

b. 物理接口。车站 P&L 与 BAS 物理接口见表 5-13。

表 5-13　车站 P&L 与 BAS 物理接口表

编号	位置	P&L 功能及责任	BAS 功能及责任	接口类型	接口目的
P&L. BAS. 1	照明配电室照明回路	提供端子排	硬线电缆(带编号、屏蔽电缆)与车站 BAS 远程 I/O 连接	硬线	对照明回路的监控
P&L. BAS. 2	照明配电室 EPS	通信接口端子	提供传输电缆(带编号)接入 BAS 系统	RS485，标准、开放、可软件解码的协议	监视应急电源装置及回路状态

c. 软件协议。RS485 接口，软件协议为标准、开放的协议。

通信协议选用 Profibus-DP、Modbus-plus、Controlnet、Cannet、Devicenet 等开放式协议。总线的稳定通信速率大于 1 Mbit/s。

d. 功能接口。P&L 监控动力照明系统的照明、应急照明电源、三级负荷等设备，分散控制集中管理。P&L 主要完成设备本身的保护、各种信息的统计和设备相关的最终状态整理，ISCS 系统主要完成车站设备的调度和管理。车站 P&L 与 BAS 功能接口见表 5-14。

表 5-14 车站 P&L 与 BAS 功能接口表

编号	功能要求	接口类型	P&L	BAS
P&L. BAS. 1	监控照明、导向/应急照明回路	硬线	监视照明、导向/应急照明回路状态，控制照明断开闭合	监视照明、导向回路/应急照明状态，控制照明断开闭合
P&L. BAS. 2	监视应急电源装置工作状态	RS485，标准、开放、可软件解码的协议	按约定好的格式，准备应急电源的状态信息	监视应急电源装置工作状态

e. BAS 对 P&L 的监控功能。

控制中心实现的功能如下：接收并储存全线应急电源、照明、导向、三级负荷的主要运行状态、故障信息和操作位置。

车站实现的功能如下：监视本站应急电源、照明、导向、三级负荷的主要运行状态、故障信息和操作位置；对本车站照明、导向、三级负荷控制；照明、导向、三级负荷等设备的状态显示方式、故障报警方式、操作位显示和控制方式等将根据具体工艺要求确定。

就地级的功能如下：现场主控制器在中央级和车站级综合监控系统故障时，可以实现对本站设备的联锁、控制。

②BAS 子系统与通风空调系统的接口

a. 接口概述。为了实现通风空调设备在车站、中央的监视和控制。与通风空调系统的接口一般为硬线接口，接口位置在风机、风阀、空调等设备控制箱接线端子处，控制箱一般有动力照明专业提供。

b. 物理接口。车站通风空调系统与 BAS 物理接口见表 5-15。

表 5-15 车站通风空调系统与 BAS 物理接口表(HVAC-BAS)

编号	位置	HVAC	BAS	接口类型	接口目的
HVAC. BAS. 1	传感器安装位置附近	各类传感器安装位置	传感器	硬线	采集各类传感器监测参数，监控二通阀开关状态
HVAC. BAS. 2	车控室（暂定）	VRV（变冷媒流量多联系统）空调集中控制器	屏蔽多芯双绞线（带编号）	硬线	对 VRV 空调机组开关状态进行监控（仅限于高架站）
HVAC. BAS. 3	风机、风阀控制箱端子排	控制箱端子排	硬线电缆（带编号）	硬线	监视风机、风阀状态和控制动作

c. 软件协议。RS485 接口的软件协议采用标准、开放的协议。

d. 功能接口。车站 HVAC 与 BAS 功能接口见表 5-16。

表 5-16 车站 HVAC 与 BAS 功能接口表(HVAC-BAS)

编号	功能要求	接口类型	HVAC	BAS
HVAC. BAS. 1	监视各类参数,监控二通阀开度	安装位置		采集、显示各类参数,监控二通阀开度
HVAC. BAS. 2	监控 VRV 空调机组状态	RS485		控制、显示、记录 VRV 空调机组状态信息
HVAC. BAS. 3	监视风机、风阀状态和控制动作	硬线		监视风机、风阀状态和控制动作

e. BAS 实现的 HVAC 功能描述。

控制中心实现的功能如下:对风机、风阀、空调等主要用电设备控制;风机、风阀、空调等用电设备的状态显示方式、故障报警方式、操作位显示、控制方式等将根据具体工艺要求确定;监视各类参数,监控二通阀开度;监视 VRV 空调机组工作状态;监视防火阀工作状态和控制防火阀动作。

车站级实现的功能如下:监视各类参数,监控风机、风阀、VRV 空调机组工作状态,显示故障报警;监视防火阀工作状态和控制防火阀动作。

节能。系统集成方根据环控系统的节能设计方案,提出合理的节能控制方案。

③BAS 子系统与给排水系统的接口

a. 接口概述。为了实现给排水设备在车站、中央的监视和控制。BAS 与给排水系统(WSD)接口界面图如 5-6 所示。

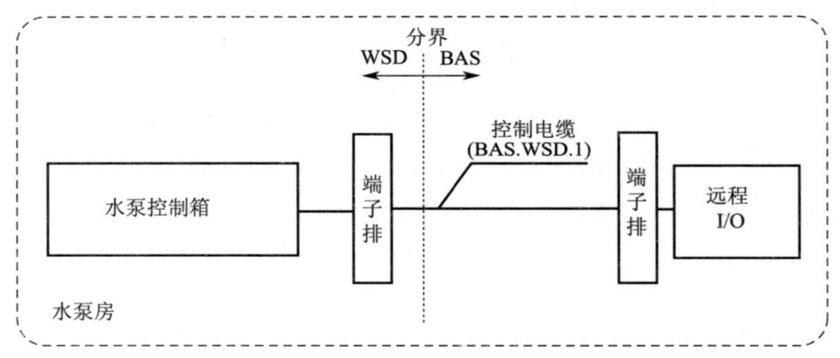

图 5-6 BAS 与 WSD 接口界面图(车站)

b. 物理接口。车站给排水系统与 BAS 物理接口(WSD-BAS)见表 5-17。

表 5-17 车站 WSD 与 BAS 物理接口表(WSD-BAS)

编号	位置	WSD 责任	BAS 责任	接口类型	接口目的
BAS. WSD. 1	现场(车站、水泵房或附近)	配合调试提供端子排	控制电缆接到水泵控制箱,负责调试	硬线	采集水泵及水位信息,并控制水泵的启停

c. 功能接口。车站 WSD 与 BAS 功能接口见表 5-18。

表 5-18 车站 WSD 与 BAS 功能接口表(WSD-BAS)

编号	功能要求	接口类型	WSD	BAS
BAS. WSD. 1	监控水泵	硬线	提供水泵控制及状态信息	发出控制命令,采集状态信息

d. BAS 实现的 WSD 功能描述。

控制中心实现的功能如下:监视水泵工作状态、水泵故障报警和超水位报警。

车站级实现的功能如下：监视水泵工作状态、水泵故障报警，超水位报警，水泵运行超时报警（时间可调）和控制水泵的工作状态。

④BAS 子系统与电梯、自动扶梯的接口

a. 接口概述。BAS 子系统与车站电梯、自动扶梯（EL&ES）的接口如图 5-7 所示。

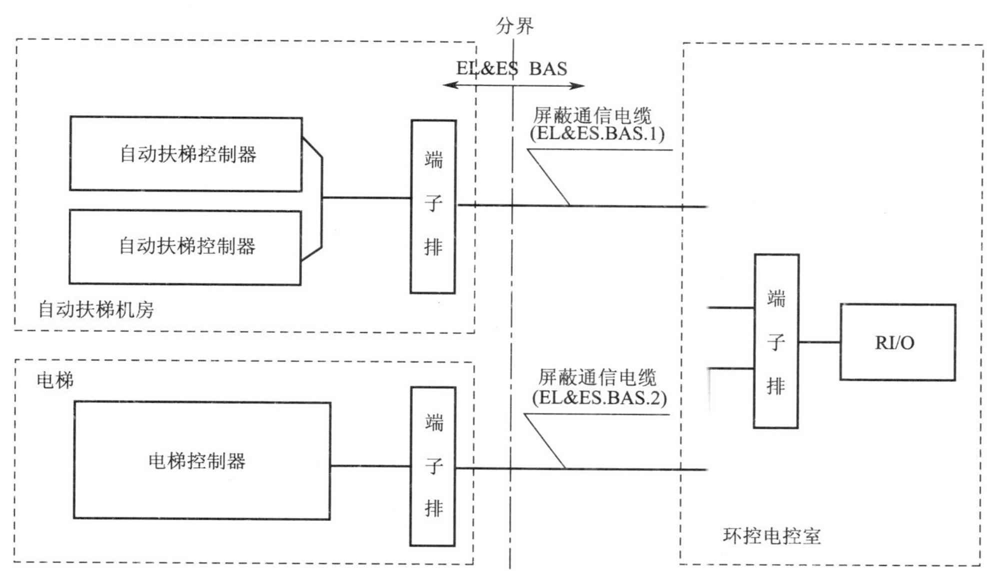

图 5-7　车站 BAS 子系统与 EL&ES 的接口界面图

b. 物理接口。车站 EL&ES 与 BAS 物理接口见表 5-19。

表 5-19　车站 EL&ES 与 BAS 物理接口表（EL&ES-BAS）

编号	位置	EL&ES 责任	BAS 责任	接口类型	接口目的
EL&ES. BAS. 1	自动扶梯三角机房	配合调试提供端子排	负责调试通信电缆	通信接口及硬线	监视扶梯状态，紧急控制扶梯
EL&ES. BAS. 2	电梯机房	配合调试提供端子排	负责调试通信电缆	通信接口及硬线	监视电梯状态，紧急控制电梯

c. 功能接口。车站 EL&ES 与 BAS 物理接口见表 5-20。

表 5-20　车站 EL&ES 与 BAS 物理接口（EL&ES-BAS）

编号	功能要求	接口类型	EL&ES	BAS
EL&ES. BAS. 1	监视扶梯状态，扶梯紧急停止控制	通信接口及硬线	提供状态信息，接收并执行控制指令	采集状态信息和报警信息，IBP（综合后备盘）发出紧急控制指令
EL&ES. BAS2	监视电梯状态，电梯紧急停止控制	通信接口及硬线	提供状态信息，接收并执行控制指令	采集状态信息和报警信息，IBP 发出紧急控制指令

d. 功能描述。监视电梯、扶梯状态和报警信息，IBP 盘紧急控制电梯、扶梯。

⑤BAS 子系统与 FAS 系统的接口

a. 接口概述。车站 FAS 与 BAS 接口界面如图 5-8 所示。

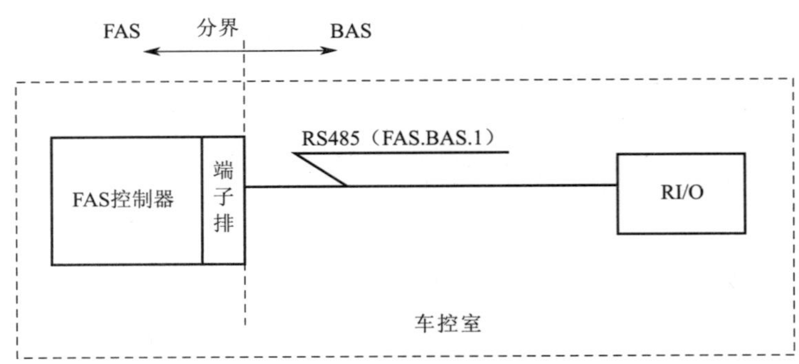

图 5-8 车站 FAS 与 BAS 接口界面图

b. 物理接口。车站 FAS 与 BAS 物理接口见表 5-21。

表 5-21 车站 FAS 与 BAS 物理接口表(FAS-BAS)

编号	位置	FAS	BAS	接口类型	接口目的
FAS. BAS. 1	车控室火灾报警控制盘通信接口端子	提供通信接口端子排	RS232/RS485 电缆(带编号)	RS232/RS485 标准开放协议	接受 FAS 系统火灾指令

c. 软件协议。软件协议为标准开放协议。

d. 功能接口。车站 FAS 与 BAS 功能接口见表 5-22。

表 5-22 车站 FAS 与 BAS 功能接口表(FAS-BAS)

编号	功能要求	接口类型	FAS	BAS
FAS. BAS. 1	实现火灾模式下的联动控制	RS232/RS485	按约定好的格式，下达火灾模式控制指令	接受火灾模式控制指令，启动消防联动设备

(2)SCADA(电力自动化监控)子系统与其监控对象的接口

①一般要求。系统集成方与其他系统设备负责人密切合作，相互提供技术资料(包括通信规约)，在必要时进行设计联络，解决设备之间接口的硬、软件问题。所有互提的技术资料都同时提交业主。

安装在基础设备上的微机综合保护装置、智能测控单元、监控模块等装置以及变电所内监控网络由其他系统设备负责人负责配置。

②具体要求。系统集成方与变电所综合自动化系统设备的负责人密切合作，相互提供技术资料(包括通信规约)，解决设备之间接口的软、硬件接口问题，能适应多种国际上的通用规约。

与变电所综合自动化系统的接口在变电所通信端子盒。系统集成方负责将通信光缆敷设至变电所通信端子盒。

9. 综合监控系统互联子系统接口

(1)综合监控系统与 CCTV、ACS 接口综合监控系统与 CCTV、ACS 的接口相同，合称安防系统，故用同一接口图表示，综合监控系统与 CCTV、ACS 各有一个以太网接口。

①接口概述。综合监控系统(ISCS)与 CCTV、ACS 系统接口关系如图 5-9 所示。

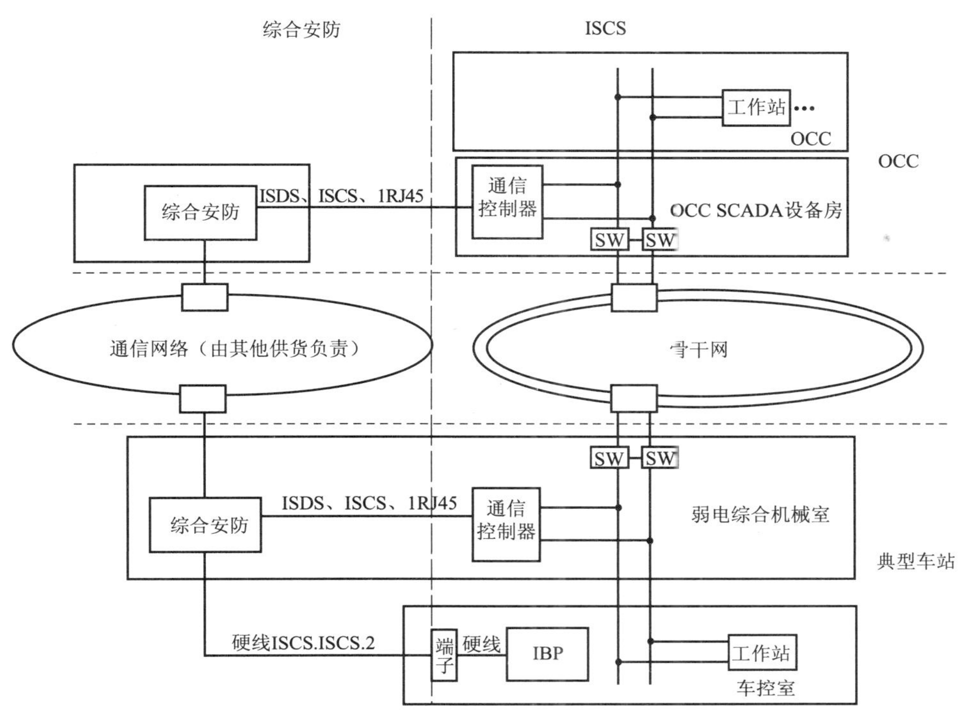

图 5-9　综合监控系统(ISCS)与 CCTV、ACS 系统接口关系图

②物理接口。ISDS 与 ISCS 物理接口见表 5-23。

表 5-23　ISDS 与 ISCS 物理接口表(ISDS-ISCS)

编号	位置	接口类型	接口目的
ISDS. ISCS. 1	控制中心综合监控机房、车辆段、车站综合监控机房综合监控机柜配线架外侧	CCTV、ACS 各一个 100 M 以太网，TCP/IP，RJ45	综合监控系统实现对 CCTV、ACS 系统的管理
ISDS. ISCS. 2	车站控制室 IBP 盘端子排外侧	硬线	紧急释放门禁

③软件协议采用 PROFIBUS、MODBUS、TCP/IP 或其他通用、开放的协议。

④功能接口。ISDS 与 ISCS 功能接口见表 5-24。

表 5-24　ISDS 与 ISCS 功能接口表(ISDS-ISCS)

编号	功能要求	接口类型	CCTV、ACS	ISCS
ISDS. ISCS. 1	实现对设备运行状态、故障告警的监控及火灾情况下的系统联动，并集成 CCTV、ACS 的车站人机界面	100 M 以太网，TCP/IP，RJ45	按约定好的数据格式，准备设备状态信息、设备报警信息，接收并执行 ISCS 系统发送的设备控制命令和联动模式命令	每隔一定时间，采集设备状态信息、设备报警信息数据，发送联动模式命令
ISDS. ISCS. 2	门禁紧急释放	硬线	接收来自 ISCS 对 IBP 的控制，并驱动 IBP 上开门操作。	统一设计 IBP 盘，提供 IBP 的按钮

(2)SCADA 子系统与乘客资讯系统的接口

①接口概述。乘客资讯系统包括车站系统设备以及列车车载系统设备，乘客信息系统全

部设备均通过以下接口将设备状态及报警信息传递至综合监控系统。综合监控系统(ISCS)与乘客信息系统(PIS)接口关系如图 5-10 所示。

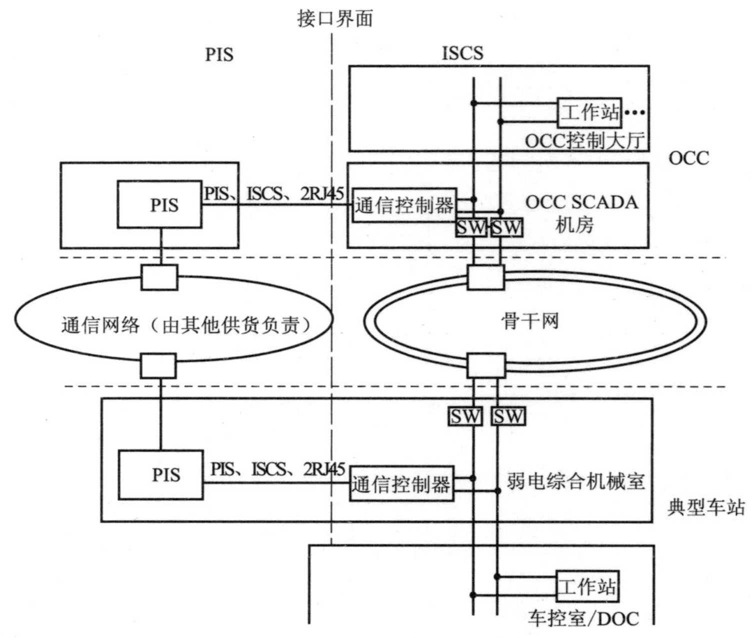

图 5-10 ISCS 与 PIS 接口关系图

②物理接口。PIS 与 ISCS 物理接口见表 5-25。

表 5-25 PIS 与 ISCS 物理接口表(PIS-ISCS)

编号	位置	接口类型	接口目的
PIS. ISCS. 1	车站综合监控机房综合监控配线架外侧	一个 100 M 以太网，TCP/IP，RJ45	ISCS 系统对 PIS 系统的监控界面进行集成，通过 ISCS 系统的监控界面实现对 PIS 系统设备运行状态、故障报警的监视管理；编辑播发、发送模式命令触发播发站务信息、非正常运营模式或防灾、救灾信息。ISCS 系统提供站内、外温湿度、信号系统列车运营信息作为 PIS 系统播发消息的依据
PIS. ISCS. 2	OCC 综合监控设备房综合监控配线架外侧	100 M 以太网，TCP/IP，RJ45	实现对 PIS 的设备管理，发布全局性信息，以及在紧急情况下发布信息

③软件协议采用 PROFIBUS、MODBUS、TCP/IP 或其他通用、开放的协议。

④功能接口。PIS 与 ISCS 功能接口见表 5-26。

表 5-26 PIS 与 ISCS 功能接口表(PIS-ISCS)

编号	功能要求	接口类型	PIS	ISCS
PIS. ISCS. 1	实现 ISCS 系统对 PIS 系统监控界面的集成，通过 ISCS 系统监控界面对 PIS 系统进行监控	100 M 以太网，TCP/IP，RJ45	按约定好的数据格式，准备设备状态信息，设备报警信息接收 ISCS 系统发送的模式命令进行相关信息的发布；采集站内、外温湿度信息	每隔一定时间，采集设备状态信息、设备报警信息数据，发送编辑播发信息；采集站内、外温湿度信息并发送；发送模式命令信息

续上表

编号	功能要求	接口类型	PIS	ISCS
PIS. ISCS. 2	信息显示	100 M 以太网，TCP/IP，RJ45	按约定好的数据格式，接收ISCS系统传送的列车运营信息、文本信息并在指定的终端设备上显示	在中心ISCS工作站发送文本信息、列车运营信息，采集设备状态、报警信息

(3)综合监控系统与广播系统的接口

①接口概述。综合监控系统(ISCS)与广播系统(PA)接口关系如图5-11所示。

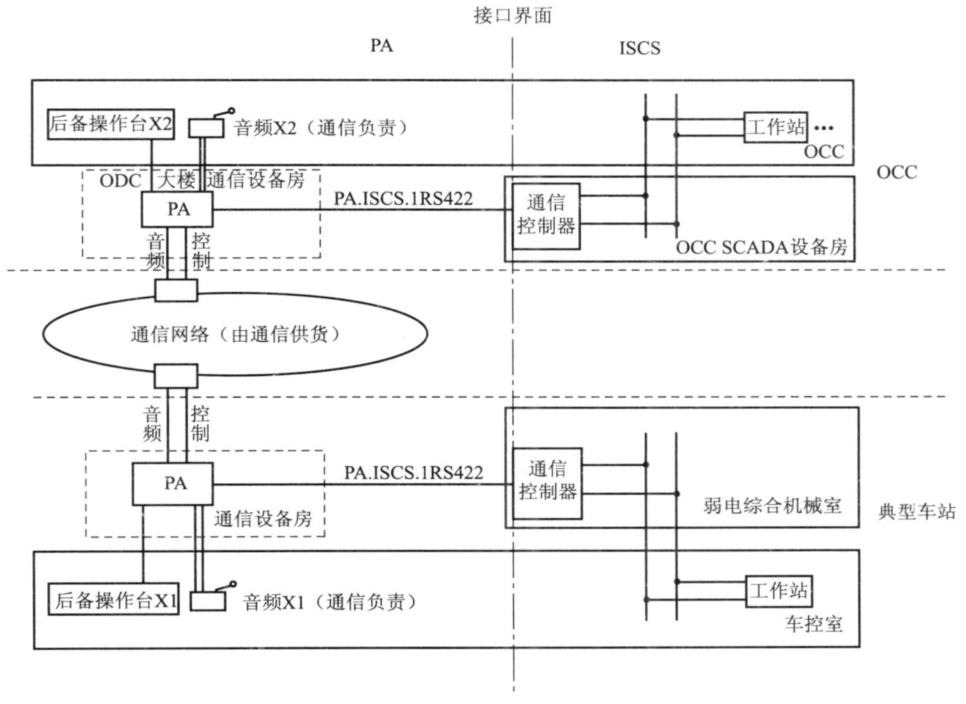

图5-11 ISCS系统与PA系统接口关系图

②物理接口。PA与ISCS物理接口见表5-27。

表5-27 PA与ISCS物理接口表(PA-ISCS)

编号	位置	接口类型	接口目的
PA. ISCS. 1	OCC综合监控机房综合监控配线架外侧	一个RJ45以太网接口	控制中心环调和总调可通过广播系统实现对全线车站的广播，灾害情况下，由ISCS系统触发PA系统进行灾害应急广播
PA. ISCS. 2	车站综合监控机房综合监控配线架外侧	一个RJ45以太网接口	ISCS系统在灾害情况下触发PA系统进行灾害应急广播

③软件协议采用PROFIBUS、MODBUS RTU或其他通用、开放的协议。

④功能接口。PA与ISCS功能接口见表5-28。

表 5-28　PA 与 ISCS 功能接口表(PA-ISCS)

编号	功能要求	接口类型	PA	ISCS
PA. ISCS. 1 PA. ISCS. 2	设备监视	RJ45	按约定好的数据格式,准备车站广播分区状态、设备状态信息和故障报警信息	每隔一定时间,采集车站广播分区状态、设备状态信息和故障报警信息
PA. ISCS. 1 PA. ISCS. 2	在车站界面集成 PA 系统,实现广播控制	RJ45	执行 ISCS 系统广播模式控制命令	在车站 ISCS 系统上式控制广播系统。

(4)综合监控系统与自动售检票系统(AFC)的接口

①接口概述。ISCS 与 AFC 接口关系如图 5-12 所示。

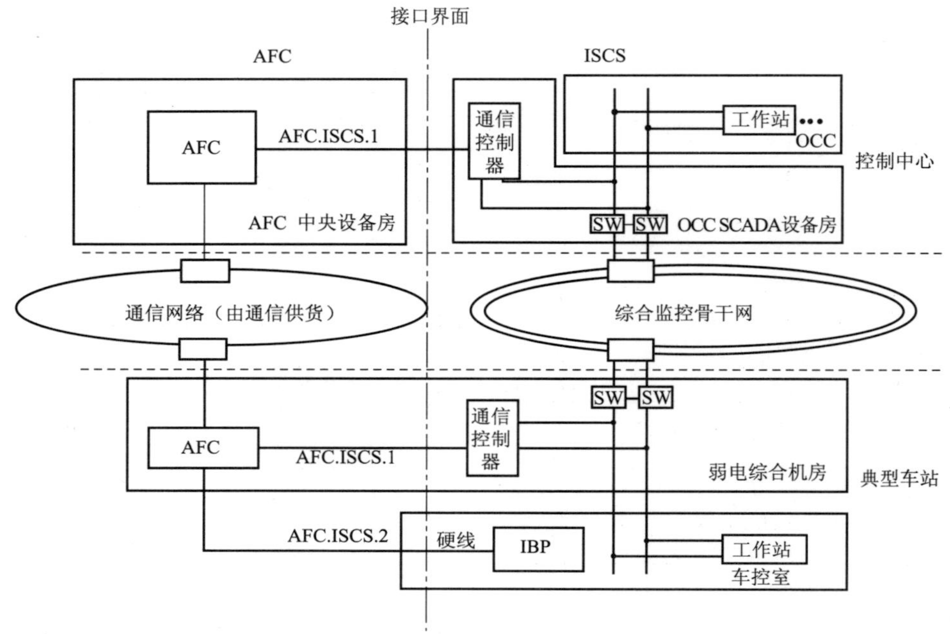

图 5-12　ISCS 系统与 AFC 接口关系图

②物理接口。AFC 与 ISCS 物理接口见表 5-29。

表 5-29　AFC 与 ISCS 物理接口表(AFC-ISCS)

编号	位置	接口类型	接口目的
AFC. ISCS. 1	OCC 综合监控机房、车站综合监控机房综合监控配线架外侧	100 M 以太网,TCP/IP,RJ45	对 AFC 系统设备运行状态、故障告警进行监视,采集 AFC 系统客流信息
AFC. ISCS. 2	车站控制室 IBP 盘(综合后备盘)端子排外侧	硬线	紧急闸机开放

③软件协议采用 PROFIBUS、MODBUS、TCP/IP 或其他通用、开放的协议。

④功能接口。AFC 与 ISCS 功能接口见表 5-30。

表 5-30 AFC 与 ISCS 功能接口表(AFC-ISCS)

编号	功能要求	接口类型	AFC	ISCS
AFC. ISCS. 1	设备监视,采集客流信息	100 M 以太网,TCP/IP,RJ45	按约定好的数据格式,准备设备状态信息、设备报警信息和客流统计信息	每隔一定时间,采集设备状态信息、设备报警信息和客流统计信息数据
AFC. ISCS. 2	闸机紧急释放	硬线	接收来自 ISCS 系统的 IBP 的控制,并驱动 IBP 上闸机释放的相关指示	统一设计 IBP 盘,提供 IBP 的按钮和指示灯

(5)综合监控系统与信号系统(SIG)的接口

①接口概述。综合监控系统(ISCS)与信号系统(SIG)的接口关系如图 5-13 所示。

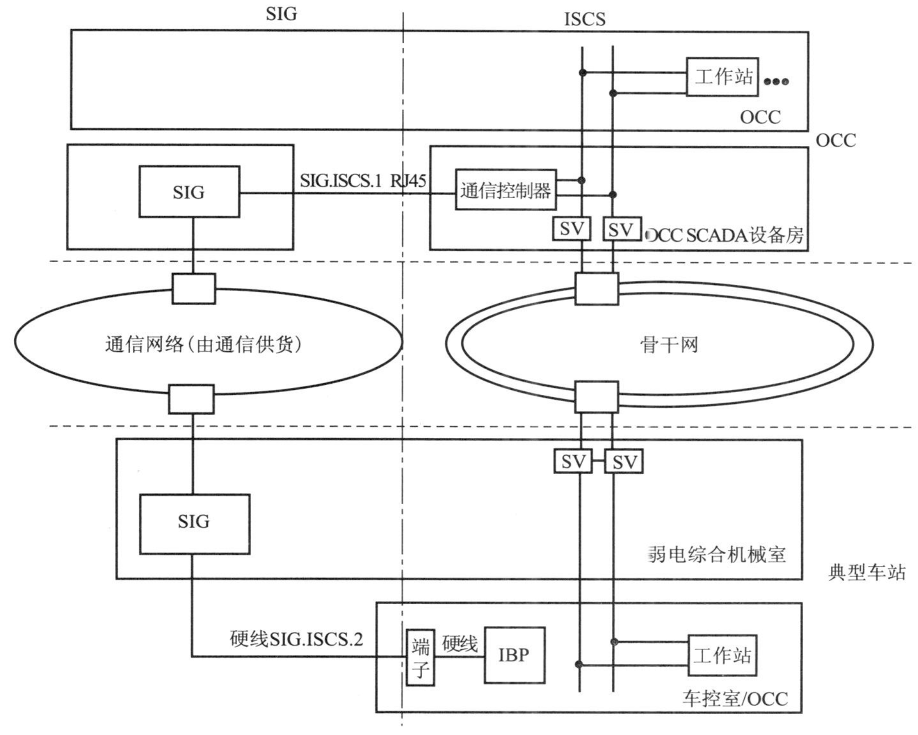

图 5-13 ISCS 与 SIG 接口关系图

②物理接口。SIG 与 ISCS 物理接口见表 5-31。

表 5-31 SIG 与 ISCS 物理接口表(SIG-ISCS)

编号	位置	接口类型	接口目的
SIG. ISCS. 1	OCC 综合监控机房综合监控配线架外侧	100 M 以太网,TCP/IP,RJ45	接收信号系统列车运行位置、方向信息,阻塞模式信号,主要设备故障告警信息;发送牵引供电系统各供电分段运行状态信息,火灾报警信息,AFC 系统客流统计分析信息
SIG. ISCS. 2	车站车控室	硬线	扣车、取消扣车、紧急停车、取消紧急停车、灯泡试验、切断报警

③软件协议。信号系统与综合监控系统的软件协议为经业主同意的开放的软件协议。双方采用 RJ45 接口，TCP/IP 协议或业主指定的接口方式和协议。

④功能接口。SIG 与 ISCS 功能接口见表 5-32。

表 5-32　SIG 与 ISCS 功能接口表(SIG-ISCS)

编号	功能要求	接口类型	SIG	ISCS
SIG. ISCS. 1	接收 SIG 系统列车运行位置、方向信息，阻塞模式信号，主要设备故障告警信息；发送牵引供电系统各供电分段运行状态信息，火灾报警信息，AFC 系统客流统计分析信息	100 M 以太网，TCP/IP，RJ45	(1)按约定好的数据格式，准备列车阻塞信息、系统故障信息、列车到达时间信息，秒级时间信息，其他运行信息。 (2)接收牵引供电信息。 (3)接收火灾报警信息。 (4)接收客流统计分析信息	(1)每 500 ms，采集列车阻塞信息、系统故障信息、列车到达时间信息、秒级时间信息和其他运行信息数据。 (2)发送牵引供电信息。 (3)发送火灾报警信息。 (4)发送客流统计分析信息
SIG. ISCS. 2	ISCS 系统在 IBP 盘上为 SIG 系统提供扣车、取消扣车、紧急停车、取消紧急停车、灯泡试验、切断报警按钮等安装位置	硬线	在紧急情况下，实现列车紧急停车或扣车/放行列车	统一 IBP 的工艺设计

(6)综合监控系统与时钟系统(CLK)的接口

①接口概述。综合监控系统(ISCS)与时钟系统(CLK)接口关系如图 5-14 所示。

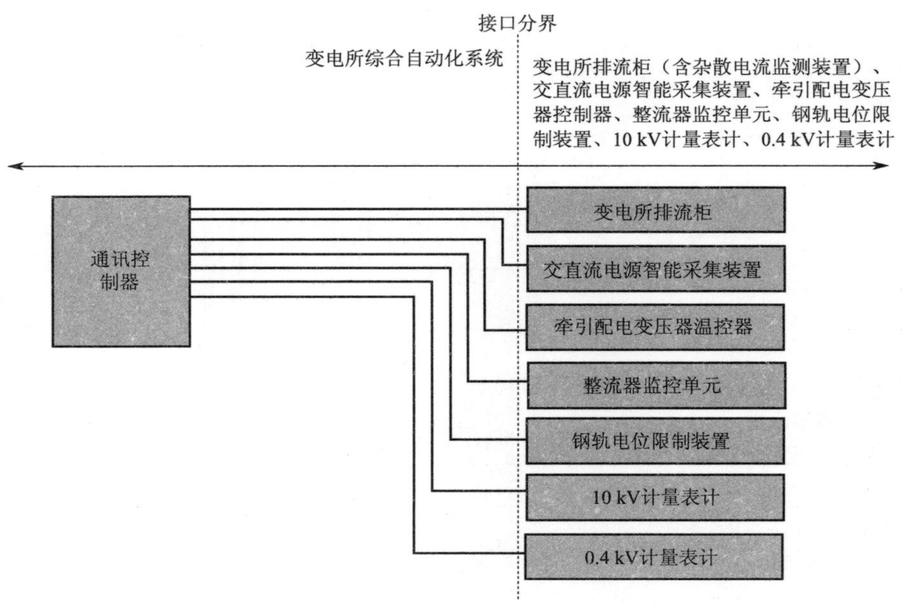

图 5-14　ISCS 与 CLK 接口关系图

②物理接口。CLK 与 ISCS 物理接口见表 5-33。

表 5-33 CLK 与 ISCS 物理接口表(CLK-ISCS)

编号	位置	接口类型	接口目的
CLK. ISCS. 1	OCC 通信设备机房时钟配线架外侧	RS422 9.6 Kbit/s	接收标准时间信息

③软件协议采用通用、开放的协议。

④功能接口。CLK 与 ISCS 物理接口见表 5-34。

表 5-34 CLK 与 ISCS 物理接口表(CLK-ISCS)

编号	功能要求	接口类型	CLK	ISCS
CLK. ISCS. 1	时钟同步	RS422 9.6 Kbit/s	按照约定的数据格式,每1 000 ms 发送一次毫秒级的标准时间信息	每1 000 ms 接收一次毫秒级的标准时间信息

(7)综合监控系统与不间断电源(UPS)的接口

①接口概述。ISCS 与 UPS 的接口如图 5-15 所示。

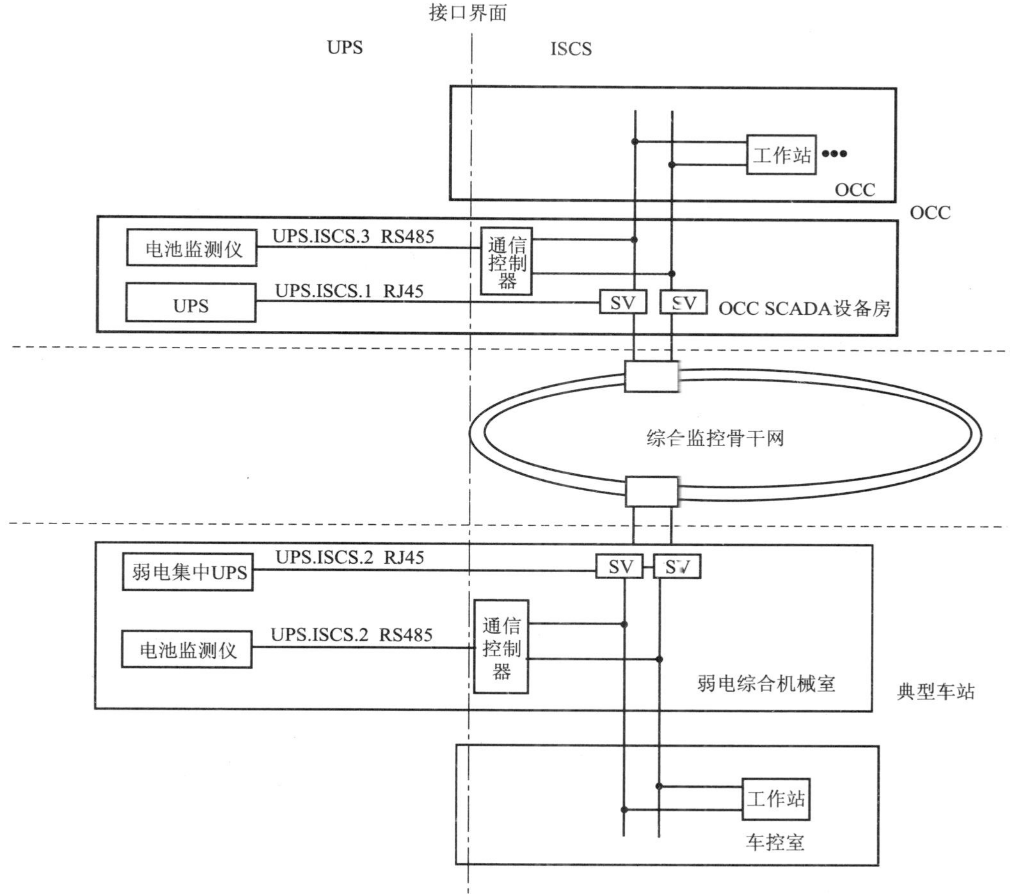

图 5-15 ISCS 与 UPS 的接口图

②物理接口。UPS 与 ISCS 物理接口见表 5-35。

表 5-35 UPS 与 ISCS 物理接口表(UPS-ISCS)

编号	位置	接口类型	接口目的
UPS. ISCS. 1	OCC 综合监控机房综合监控配线架外侧	RJ45 以太网	监视 UPS 状态
UPS. ISCS. 2	车站综合监控机房综合监控配线架外侧	RJ45 以太网	监视 UPS 状态

③软件协议采用 PROFIBUS、MODBUS RTU 或其他通用、开放的协议，UPS 包括弱电集中 UPS、安全门的 UPS。

④功能接口。UPS 与 ISCS 功能接口见表 5-36。

表 5-36 UPS 与 ISCS 功能接口表(UPS-ISCS)

编号	功能要求	接口类型	UPS	ISCS
UPS. ISCS. 1 UPS. ISCS. 2	监视 UPS 状态	以太网	按约定好的数据格式，准备 UPS 状态、UPS 电压、电流	每隔一定时间，采集 UPS 状态、UPS 电压、电流数据

(8)综合监控系统与安全门系统(PSD)的接口

①接口概述。综合监控系统(ISCS)与安全门系统(PSD)的接口关系如图 5-16 所示。

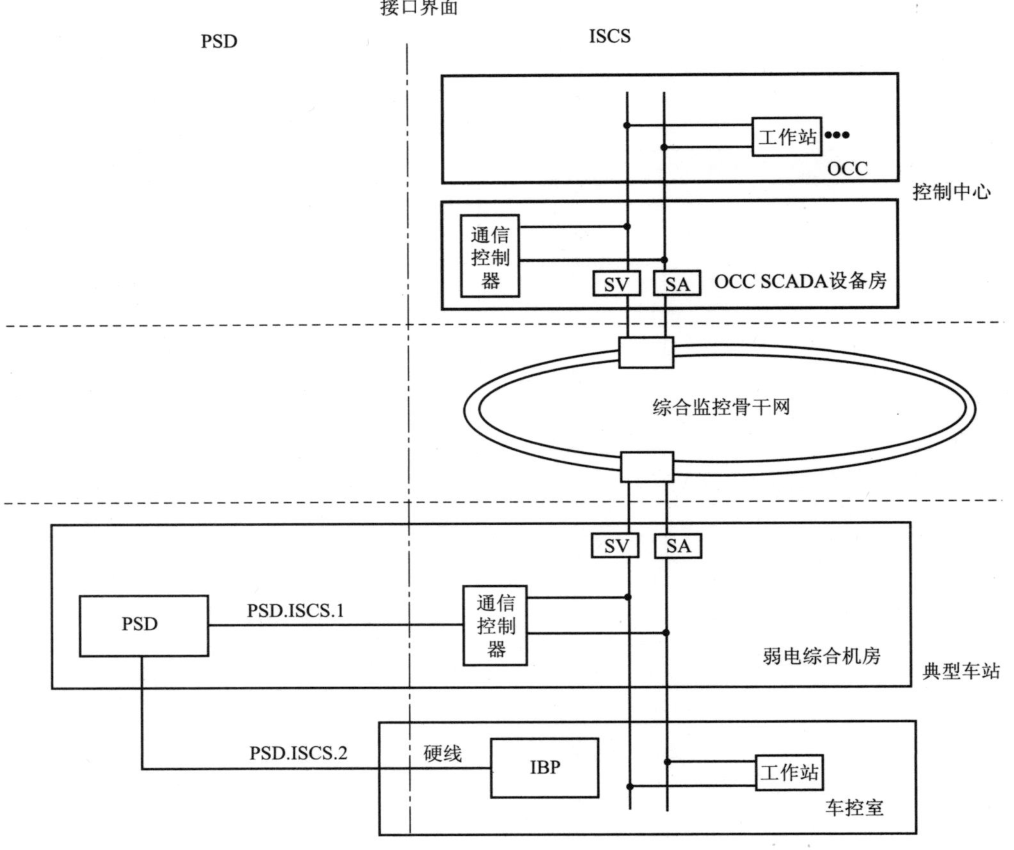

图 5-16 PSD 与 ISCS 物理接口关系图

②物理接口。PSD 与 ISCS 物理接口见表 5-37。

表 5-37　PSD 与 ISCS 物理接口表(PSD-ISCS)

编号	位置	接口类型	接口目的
PSD. ISCS. 1	车站综合监控机房综合监控配线架外侧	RS485 9.6 Kbit/s	实现对 PSD 系统的监视
PSD. ISCS. 2	车站控制室 IBP 盘端子排外侧	硬线	实现车控室安全门远程手动开门控制及状态反馈

③软件协议采用 PROFIBUS、MODBUS RTU 或其他通用、开放的协议。

④功能接口。PSD 与 ISCS 功能接口见表 5-38。

表 5-38　PSD 与 ISCS 功能接口表(PSD-ISCS)

编号	功能要求	接口类型	PSD	ISCS
PSD. ISCS. 1	设备监视	RS485 9.6 Kbit/s	1. 按约定好的数据格式,准备设备状态信息、设备报警信息和 UPS 的状态信息	1. 每隔一定时间,采集设备状态信息、设备报警信息和 UPS 的状态信息数据
PSD. ISCS. 2	安全门紧急释放	硬线	接收来自 ISCS 系统的 IBP 的控制,并驱动 IBP 上开门操作的相关指示	统一设计 IBP 盘,提供 IBP 的按钮和指示灯

(9)综合监控系统与通信集中告警系统的接口

①接口概述。综合监控系统(ISCS)与通信集中告警系统 TEL 的接口关系如图 5-17 所示。

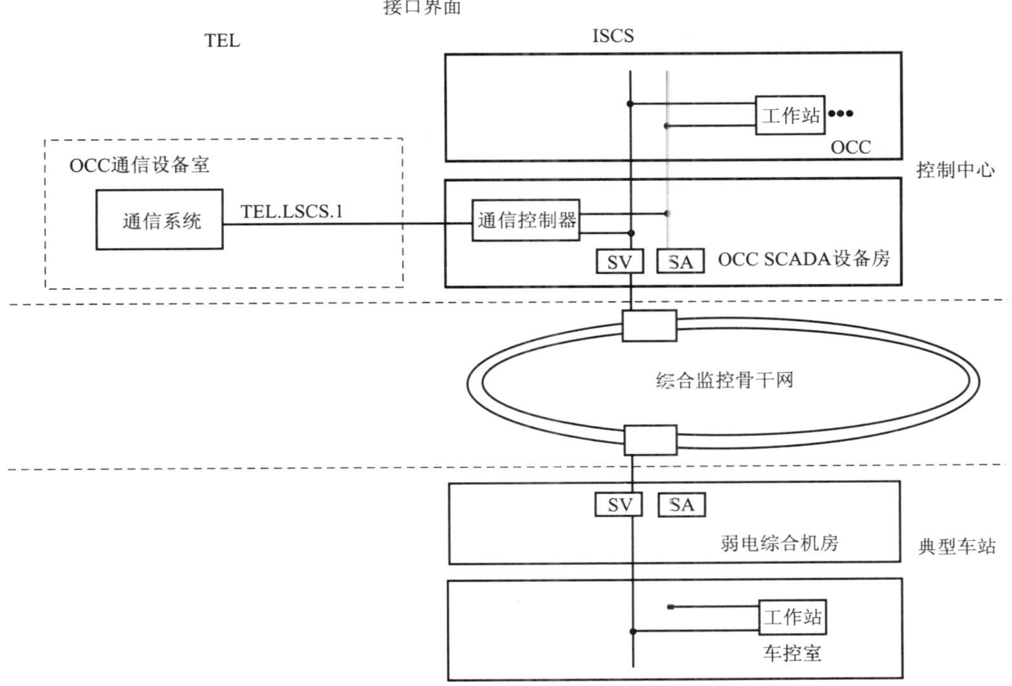

图 5-17　TEL 与 ISCS 的接口关系图

②物理接口。TEL 与 ISCS 物理接口见表 5-39。

表 5-39 TEL 与 ISCS 物理接口表(TEL-ISCS)

编号	位置	接口类型	接口目的
TEL. ISCS. 1	OCC 综合监控机房综合监控配线架外侧	100 M 以太网,TCP/IP,RJ45	将 TEL 系统故障告警信息集中收集并报告给值班员

③软件协议采用 PROFIBUS、MODBUS、TCP/IP 或其他通用、开放的协议。

④功能接口。TEL 与 ISCS 功能接口见表 5-40。

表 5-40 TEL 与 ISCS 功能接口表(TEL-ISCS)

编号	功能要求	接口类型	TEL 系统	ISCS
TEL. ISCS. 1	监视通信系统状态	100 M 以太网,TCP/IP,RJ45	按约定好的数据格式,准备故障告警信息	每隔一定时间,采集故障告警信息

5.4.4 通信系统设备内外接口

1. 通信系统设备与外部接口

(1)专用通信系统设备与外部接口

①传输系统与自动售检票系统接口。传输系统与自动售检票系统之间采用 FE 接口。接口位置位于备用控制中心(车辆段)\控制中心\车站通信设备室中间配线架。遵从的接口协议见表 5-41。

表 5-41 传输系统与自动售检票系统协议

接口名称	协议标准	物理接口	传输系统接头型号	端口协商方式
100 M 以太网接口	IEEE 802.3	RJ45	FE 电接口	百兆全双工

②通信电话子系统与固定电话运营商之间接口。为实现地铁内部电话市话功能,公务电话交换机在车辆段(备用控制中心)和控制中心与市话固定电话运营商之间进行连接,采用符合 G.703 标准规定的 E1 接口,接口数量上述位置各为 $n\times$E1,接口界面在上述地点本线通信设备室数字配线架外侧。电话设备中继接口一般为 DSS1 信令连接,具体信令根据运营商设备确定。

③无线通信系统与车辆系统的接口。无线无线通信系统与车辆的接口见表 5-42。

表 5-42 无线通信系统与车辆的接口表

接口编号及名称	位　　置	接口类型
电源接口	车头驾驶室 1(每列车)	DC110 V 电源接口
	车头驾驶室 2(每列车)	DC110 V 电源接口
分组数据通信网关接口	车头驾驶室 1(每列车)	RS422
	车头驾驶室 2(每列车)	RS422
广播接口	车头驾驶室 1(每列车)	音频/数据接口
	车头驾驶室 2(每列车)	音频/数据接口

续上表

接口编号及名称	位　　置	接口类型
主设备安装接口	车头驾驶室1(每列车)	
	车头驾驶室2(每列车)	
天线安装接口	车顶外部1(每列车)	
	车顶外部2(每列车)	

a. 无线通信系统与车辆电源系统接口。

类型:DC110 V单相电源。

用途:车辆给无线通信系统设备供电。

b. 无线通信系统与分组数据通信网关接口。

类型:RS422。

用途:接收中心新闻设备的分组数据。

c. 无线通信系统与车辆广播系统接口。

类型:音频/数据接口。

用途:控制中心广播控制台通过无线通信系统对列车的广播。

d. 安装在驾驶室内的车载台主机、操作面板、扬声器、送受话器与车辆的安装接口。

类型:内部接口。

用途:安装在车头驾驶室内无线通信系统设备。

e. 安装在车顶的车载台天线与车辆的安装接口。

类型:内部接口。

用途:安装在车顶的车载台天线。

④闭路电视监视系统与综合监控系统接口。

综合监控系统提供统一闭路电视监视人机界面,用来完成闭路电视监视设备的监视及控制功能。

a. 闭路电视监控系统与综合监控系统间在各车站的接口为以太网接口。

接口类型:数据。

接口形式:以太网接口。

物理结构:在车站综合监控终端一侧RJ45。

接口用途:用于闭路电视监视系统向综合监控系统传输数据。

接口分工界面:接口分界点在通信系统配线架的外线侧。

b. 综合监控系统与闭路电视监视系统间的接口软件协议包含物理接口、通信协议、数据的定义和数据的格式等。

高层协议由综合监控系统统一规定,选取标准的、通用的、开放的、软件解码的协议,由系统集成方按照综合监控系统所提供的协议文本进行协议转换。

⑤广播系统

a. 与信号系统接口。实现列车进站自动预告广播,信号系统可在中心为广播系统提供接口;广播系统在控制中心设置与列车自动监控系统的接口,接口类型为以太网(RS422)。中心广播系统从信号系统提取全线各站列车到站信息,并下发至相应车站,实现自动报站功能。车站接收控制中心下发的列车进站信号,自动启动预先录制的语音信息进行预报广播。语音信息播出时间可延迟 1 s～30 s,延迟时间可调。

b. 广播系统与综合监控系统的接口方式采用以太网(或 RS422)接口连接,该接口用于将综合监控系统信号传输到广播机柜。通过该接口,广播设备可以和综合监控系统进行信息与数据的交换,完成综合监控系统广播操作功能的集成。

当采用双路冗余接口时,正常情况下,接口中只有一路为开启状态,连接综合监控系统与广播机柜。当该路出现故障时,综合监控系统可以自动启用冗余的另一路完成连接。

c. 与火灾自动报警系统(FAS)接口。在中心、车站、车辆段设有与 FAS 的接口。用于接入电平信号,触发自动报警预录音频。FAS 系统接口为干接点接口。当车站发生火灾时,FAS 系统可以通过干接点,触发自动广播功能。该功能可以设定为系统一旦接收到 FAS 信号,就自动广播,广播范围为全区广播,无选区设定无需人工干预。

⑥时钟系统。一级母钟与外部系统的接口。

接口用途:一级母钟向其他系统内各子系统发送校时信号。

接口位置:综合设备室通信综合配线架外线侧。

接口类型:RS422。

(2)警用通信系统设备与外部接口

①警用通信系统与警用监控系统接口。警用计算机网络系统与警用视频监控系统互联,实现本线图像上传和警用对本线摄像机图像的调用控制等功能。

②警用通信系统与警用光缆接口。警用计算机网络系统需利用公安光缆路径引入到地铁公安分局内,实现交换机网络设备连接。

③警用通信系统与供电系统接口。车站公安机房直流用电设备用电为一级负荷,由供电系统设置两路独立的三相五线制 380 V 交流电源供电,该两路电源应具有断电时自动切换功能,完成切换后提供一路接口给通信专业,接口界面在各车站公安机房电力专业设置的双电源切换箱下口出线端子排上。

④警用通信系统与公安 350 M 集群分基站系统接口。

有线接口:交换机及网管与地铁公安分局的通信接口在引入站。

无线接口:基站与市公安集群既有地面无线基站的界面在链路天线处,即在无线引入接口处。

(3)门禁系统设备与外部接口

FAS 系统向门禁系统提供火灾报警信息,控制门禁系统将门锁打开,接口类型采用冗余太网 RJ45 或 RS485 接口,互联协议采用国际标准、通用、开放的协议。系统集成方负责提供门禁机柜接线端子。

门禁紧急开门按钮设置在控制中心和各车站控制室的 IBP 盘上,IBP 盘上的按钮由综合监控系统统一设置,接口位置在门禁机柜处,采用硬线接口。系统集成方负责提供门禁机柜接线端子。

(4)乘客信息系统设备与外部接口

①乘客信息系统与信号系统接口。实现列车进站时间信息显示,信号系统可在中心为乘客信息系统提供接口;乘客信息系统在控制中心设置与 ATS 的接口,接口类型为以太网(RS422)。乘客信息系统从信号系统提取全线各站列车到站信息,并下发至相应车站,实现列车进站时间自动显示功能。

②乘客信息系统与车辆专业接口。

a. 车辆为设备提供电源。

接口位置:列车首尾司机室、客室内车辆提供的电源接线端子处。

接口功能:负责提供用电需求,负责从电源接线端子排到车头/尾司机室、客室设备带标识的电源电缆(包括电源电缆的线径大小及类型说明)。

车辆负责提供电源及电源接线端子排、空开熔断器和电缆敷设所需通道,并负责电缆的敷设。

b. 车载接地的接口。车辆为地面供货设备提供接地。

接口位置:列车首尾司机室、各个客室。

接口功能车辆负责为司机室内的地面供货设备实施接地。

③乘客信息系统与供电专业接口。乘客信息系统用电负荷为一级负荷。车站提供二路稳定、可靠、不间断的交流电源引至PIS交流配电柜。再由交流配电柜给车站显示终端供电。

④乘客信息系统与中心综合监控的接口。

a. 接口概述。乘客信息系统与中心综合监控系统之间的接口方式为以太网接口。

b. 接口框图。乘客信息系统(PIS)与综合监控系统(ISCS)接口框图如图5-18所示。

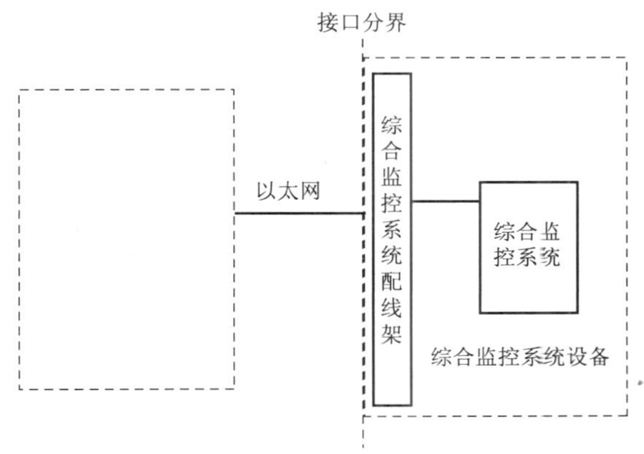

图5-18　PIS与ISCS接口框图

c. 接口位置。综合监控系统在乘客信息系统中心子系统直接与中心服务器网络端口链接,接口在综合监控配线架外侧,见表5-43。

表5-43　乘客信息系统与综合监控系统接口位置及数量

序号	接口位置	接口类型	接口数量
1	控制中心	以太网	1

d. 数据流向。信息传输是可控双向的。乘客信息系统向综合监控系统传递的信息:所有车站设备的工作状态、故障报警信息。综合监控系统通过此接口对PIS系统设备进行管理及控制,并可触发车站及列车信息显示设备进行紧急信息的发布。

e. 接口协议。采用TCP/IP协议或基于TCP/IP的Modbus通信规约。

f. 接口传递的信息。由综合监控系统发送给PIS的信息包括列车运行信息、警报信息、一般站务信息、紧急站务信息、一些提前定义的触发播放信息、站内、外环境温湿度信息和非正常运营模式信息。

由乘客信息系统反馈给综合监控系统的信息包括乘客信息系统的设备状态信息和乘客信息系统的工作状态信息。

⑤乘客信息系统与控制中心的接口。

a. 接口概述。乘客信息系统与控制中心之间的接口方式为双以太网接口。

b. 接口框图。乘客信息系统与控制中心接口关系如图 5-19 所示。

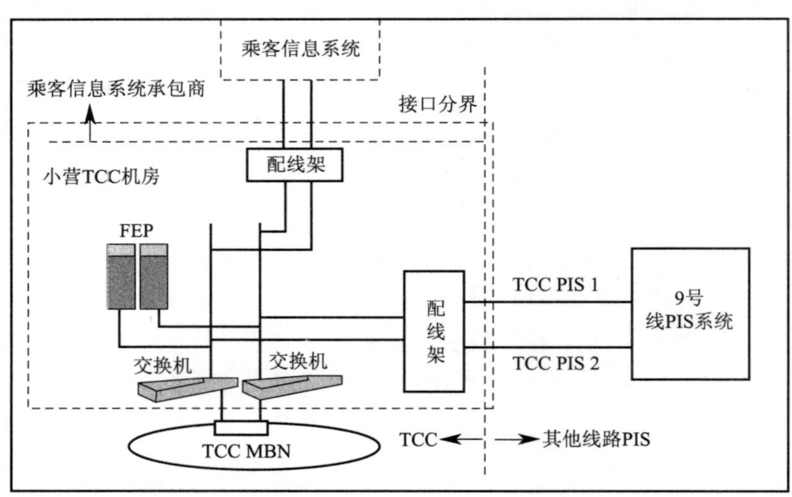

图 5-19　乘客信息系统与控制中心接口关系图

c. 接口位置:接口位置在控制中心机房 RJ45 配线架或 ODF 架,见表 5-44。

表 5-44　乘客信息系统与控制中心接口位置及数量

序号	接口位置	接口类型	接口数量
1	控制中心	以太网	2

d. 数据流向。数据流向为双向传输。

e. 接口协议。采用 TCP/IP 协议。

f. 接口传递的信息。乘客信息系统接收控制中心发送的播放信息内容和播放控制指令,并根据控制中心的控制指令播放相关内容。

g. 接口功能。乘客信息系统实现与控制中心的接口,接口的位置方式标准等需要与控制中心协商。系统集成方将充分考虑接口的可行性和变数,整体计算工作量,保证实现与控制中心平滑接口。

⑥乘客信息系统与信息源的接口。乘客信息系统提供数字有线电视节目接入接口。将数字有线电视线路引入乘客信息系统,并将有线电视节目在显示终端上播出。

(5)办公自动化系统设备与外部接口

车辆段通信设备间的核心交换机采用双电源配置要求提供两路电源输入,控制中心、车站、车辆段汇聚层交换机和接入交换机提供两路电源输入。

2. 通信系统设备与内部接口

(1)专用通信系统内部接口

①传输系统与通信系统内部接口。

a. 传输系统与公务/专用电话系统之间采用 2 Mbit/s 数字中继接口。接口位置位于备用控制中心(车辆段)\控制中心\车站通信设备室数字配线架。传输系统与公务/专业电话系统接口协议见表5-45。

表5-45 传输系统与公务/专用电话系统接口协议

接口名称	协议标准	物理接口	传输系统接头型号	端口协商方式
E1电接口	IEEE G.703	E1	E1电接口	\

b.传输系统与CCTV系统之间采用1 000 M以太网接口。接口位置位于备用控制中心(车辆段)\控制中心\车站通信设备室光纤配线架。传输系统与CCTV系统接口协议见表5-46。

表5-46 传输系统与CCTV系统接口协议

接口名称	协议标准	物理接口	传输系统接头型号	端口协商方式
1 000 M以太网接口	IEEE 802.3	GE	单模光接口(LC)	千兆全双工

c.传输系统与专用无线通信系统之间采用2 Mbit/s数字中继接口。接口位置位于备用控制中心(车辆段)\控制中心\车站通信设备室数字配线架。传输系统与无线通信系统接口协议见表5-47。

表5-47 传输系统与专用无线通信系统接口协议

接口名称	协议标准	物理接口	传输系统接头型号	端口协商方式
E1电接口	IEEE G.703	E1	E1电接口	\

d.传输系统与门禁系统之间采用FE接口。接口位置位于备用控制中心(车辆段)\控制中心\车站通信设备室中间配线架。传输系统与门禁系统接口协议见表5-48。

表5-48 传输系统与门禁系统接口协议

接口名称	协议标准	物理接口	传输系统接头型号	端口协商方式
100 M以太网接口	IEEE 802.3	RJ45	FE电接口	百兆全双工

e、传输系统与广播系统之间采用FE接口。接口位置位于备用控制中心(车辆段)\控制中心\车站通信设备室中间配线架。传输系统与广播系统接口协议见表5-49。

表5-49 传输系统与广播系统接口协议

接口名称	协议标准	物理接口	传输系统接头型号	端口协商方式
100 M以太网接口	IEEE 802.3	RJ45	FE电接口	百兆全双工

f.传输系统与录音系统之间采用FE接口。接口位置位于备用控制中心(车辆段)\控制中心\车站通信设备室中间配线架。传输系统与录音系统接口协议见表5-50。

表5-50 传输系统与录音系统接口协议

接口名称	协议标准	物理接口	传输系统接头型号	端口协商方式
100 M以太网接口	IEEE 802.3	RJ45	FE电接口	百兆全双工

g.传输系统与电源监控系统之间采用FE接口。接口位置位于备用控制中心(车辆段)\控制中心\车站通信设备室中间配线架。传输系统与电源监控系统接口协议见表5-51。

表 5-51 传输系统与电源监控系统接口协议

接口名称	协议标准	物理接口	传输系统接头型号	端口协商方式
100 M 以太网接口	IEEE 802.3	RJ45	FE 电接口	百兆全双工

②电视监视系统与内部各系统接口。

a. 本系统在控制中心与时钟系统接口。

接口类型:数据。

接口形式:RS422 或以太网接口。

物理结构:系统网管终端一侧 RS422/以太网。

通信协议:RS422 协议或 TCP/IP 协议。

接口用途:用于接收时钟系统的校时信号,保证闭路电视监控系统与时钟系统的时间同步。

接口分工界面:与时钟系统分界点在综合配线架外线侧。

b. 本系统与集中告警系统设备接口为以太网接口。

接口类型:数据。

接口形式:以太网接口。

物理结构:系统网管终端一侧 RJ45。

接口用途:用于向集中告警系统上传闭路电视监控系统的告警信息。

接口分工界面:配线架外线侧。

c. 本系统与公安视频监控的接口分为视频接口和控制接口。

(a)视频接口。

接口类型:模拟视频。

接口形式:BNC。

物理结构:专用通信字符发生器输出端 BNC。

接口用途:用于向公安视频监控系统传输模拟视频图像。

接口分工界面:在专用通信字符发生器输出口。

(b)控制接口。

接口类型:数据。

接口形式:TCP/IP 或 RS422(为保证公安通信与专用通信的隔离,建议采用 RS-422)。

物理结构:车站专用视频优先级控制器一侧 RJ45 或 RS422。

接口用途:用于接收公安视频系统的云镜控制指令,并按优先级级别高低响应控制。

接口分工界面:专用通信云台优先级管理器的接口处。

③时钟系统与内部各系统的接口。专用时钟系统为通信系统的传输、无线、电话、广播、闭路监视、电源等系统提供统一的标准时间,实现本线全网时间统一功能。接口界面在车站、主备用控制中心网络配线架,采用 10/100BASE-TX 接口,采用标准的 NTP 接口协议。

④电源及接地系统与内部各系统的接口。专用电源系统为通信系统的传输、无线、电话、广播、闭路监视、时钟等系统提供稳定不间断的电源和可靠的接地,使各系统设备能够正常的工作。接口界面在车站、主备用控制中心电源配电柜输出端,各系统设备的用电均采用 AC220 V 供电,联合接地电阻不大于 1 Ω。

⑤集中告警系统与内部各系统的接口。为将通信各子系统的网络管理工作参数、告警状

态等部分集成在一个平台上，便于维护管理。在车辆段备用中心将通信传输、大楼综合定时供给、无线、电话、广播、闭路、时钟、办公自动化、电源、乘客信息等系统各系统与集中告警交换机相连接实现统一告警的信息的管理、声光提示、统一 NTP 时间显示等功能。

接口界面在车辆段通信设备室网络配线架外侧，采用 10/100BASE-TX 接口。

⑥电话系统与无线通信系统的接口。为实现无线手持台与公务电话固定电话之间的互联互通，在控制中心和车辆段备用中心的电话交换机与无线集群交换机之间采用 E1 中继互联。

接口界面在控制中心和车辆段备用中心数字配线架，采用符合 G. 703 标准 E1 接口。

为了对调度员的通话进行录音，调度台的控制台接口电子设备(GPIOM)在正常情况下可通过其内部扬声器和麦克风向外输出音频信号到外部数字录音设备。

⑦广播系统与电话系统的接口。为实现无线手持台可进行广播的功能，需广播系统与电话系统互联，电话系统通过特定号码可对广播系统进行相应的呼叫。无线手持台可通过与电话系统中继实现与该特定号码的互通。

接口的控制采用干接点形式进行通道的控制，采用音频接口可实现广播的音频输入。

(2)专用通信系统与其他系统接口

①传输系统与其他系统接口。专用通信传输系统为警用通信的电源系统、门禁等系统专业提供以太网传输通道，实现上述系统车站、与主/备用控制中心之间的数据传输。接口界面在上述地点通信设备室内光纤配线架、网络配线架配线端口外侧。

②时钟系统与其他系统接口。专用时钟系统为 PIS、门禁系统专业提供统一的标准时间，实现本线全网时间统一功能。接口界面在车站/主备用控制中心音频配线架，接口采用 RS422/NTP 接口。

③专用光缆与其他系统接口。专用通信系统的骨干光缆为办公自动化系统提供独立的光纤，用于自己组网。

(3)警用通信系统设备与内部接口方案

①警用计算机网络系统与内部接口。警用计算机网络系统为警用通信电源等系统提供 10 Mbit/s共享式以太网通道或点对点 E1 通道，实现公安通信电源系统的监控设备对各站点设备的统一网络管理和维护。

接口界面在各车站公安通信设备室网络配线架、数字配线架外侧。接口协议采用标准 10/100BASE-TX 协议和 G. 703 标准 E1 接口协议。

② 警用电源及接地系统与内部接口。警用电源及接地系统为警用计算机网络、警用视频监控、公安无线系统等设备提供稳定不间断的电源和可靠的接地，使各系统设备能够正常的工作。接口界面在车站公安通信设备室电源配电柜输出端，各系统设备的用电均采用 AC220 V 供电，联合接地电阻不大于 1 Ω。

③公安无线系统与内部接口。公安无线系统和传输网络的界面在网络配线架外侧。

④警用光缆与其他系统接口。警用通信系统的骨干光缆为警用传输系统提供独立的光纤，用于自己组网。

(4)门禁系统设备与内部接口方案

①门禁系统与电源接口。控制中心、车站、车辆段信号楼内门禁系统供电及接地由供电系统统一提供，即由在以上各处由供电系统配电柜和地线盘提供供电及接地回路给门禁系统。

车辆基地和其他单体建筑内门禁系统不间断电源由门禁系统自行设置，门禁系统设置 UPS 电源及配电装置，UPS 进线电源由供电专业提供。

门禁系统的电锁与其他设备(计算机、主控制器、就地控制器、读卡器)的电源由门禁系统自行设置。

②门禁系统与通信时钟接口。门禁系统具有与车辆段通信系统时钟同步的功能,由通信系统同步时钟信号下到车辆段,使整个系统的时钟与全线其他系统保持一致。

(5)乘客信息系统设备与内部接口方案

乘客信息系统设备与内部接口方案主要包括与时钟、广播、主干光缆等系统设备。

(6)办公自动化系统设备与内部接口方案

核心交换机和汇聚交换机之间通过骨干传输网进行连接,与光通信线路均采用 SFP 千兆光接口模块,接头类型为 LC,光通信系统为每个控制中心和车站提供一个光端口接入,在车辆段因为采用冗余配置所以要求提供 2 个光端口接入,系统图可参照网络整体结构图。

第6章　施工图深化设计

施工图深化设计就是设计单位提供的图纸达不到直接施二的深度，需要施工单位协助设计单位进行二次设计。

深化设计通常分为三步：做方案设计，技术设计和施工图绘制。

6.1　方案设计

了解设计要求，获得必要设计数据，绘制出各系统设备主要平面、剖面和立面。要标出设备房屋的主要尺寸、面积、高度、门窗位置和设备位置等。这阶段和业主相关人员接触比较多，如果方案确定，就可以进入下步的技术设计阶段。

6.2　技术设计

这一阶段主要是和其他系统专业互相提供资料，提出要求，协调与各系统专业(比如土建结构、水电、暖通和电气等)之间的关系，为后续编制施工图打好基础。在深化设计上，这一步骤就是要求系统专业标明与其他各系统专业有关的详细数据，并编制深化设计部分的技术说明。

6.3　施工图绘制

这是深化设计中，劳动量最大，也是完成成果的最后一步，主要功能就是绘制出满足施工要求的施工图纸，确定全部工程尺寸、用料和造型。

最后深化施工图完成后，审核，盖注册建筑师章，设计院出图章，设计人员审核人员等相关人员签字，并配合其他结构施工图、水电施工图和电气施工图等，这套图纸就可以出图了，这份深化设计施工图就具有法律效力，相关人员就要为这份深化设计的施工图承担相应责任。

第7章　工厂监造

工厂监造是系统集成方委派专业技术人员进驻设备生产工厂，按照合同文件及相关行业规范的要求，对设备生产采用的原材料、制造工艺、工法进行现场监督管理的过程。地铁工程中各设备系统间接口较多，任一设备发生故障均有可能导致多个接口功能瘫痪，对地铁的安全、舒适运行产生不利影响。为保证地铁设备系统质量合格，建立一套完整的工厂监造控制流程尤为重要。编者根据所从事多个系统集成项目管理的经验及相关的文献资料，从工厂监造的依据、监造人员配置及要求、监造内容以及工厂监造需厂商配合事宜等方面详细阐述工厂监造阶段的注意事项。

7.1　工厂监造依据

系统集成方的监造人员，需根据以下文件或规范对设备生产过程进行监督管理。

(1)设计联络阶段签订的《××系统设备技术规格书》。

(2)接口联络阶段签订的《××系统设备与相关专业的接口文件》。

(3)经设计审核、签字确认的图纸。

(4)地铁运营公司针对已运行设备提出的整改意见。

(5)设备生产厂商的《质量管理体系》。

(6)《建筑物电子信息系统防雷技术规范》GB 50343—2004。

(7)GB 7947—1987《绝缘导体和裸导体的颜色标志》。

(8)IEC 60694—1996《高压开关设备和控制设备的通用条款》。

(9)EN 50124—12001《绝缘条件》。

(10)GB 4208—93《外壳防护等级的分类》。

(11)GB/T 14048—2000《低压开关设备和控制设备总则》。

(12)《民用建筑电气设计规范》JGJ/T16/2008。

(13)国际电工学会标准(IEC)。

(14)《地铁设计规范》GB 50157—2003。

7.2　监造人员配置及要求

根据监造设备的类型及数量，委派1～2名身体健康，原则性强的技术人员进驻设备生产工厂进行监造事宜，监造人员需具备以下要求。

(1)进场监造人员须全程参与过本专业设备的设计联络、接口联络。

(2)具有一定的工作经验，熟悉工厂监造的工作流程及监控重点。

(3)熟悉合同文件规定的设备零部件的品牌要求和技术参数要求。

(4)具有本专业较全面的技术知识，能够与设备生产厂商进行顺利的技术交流和沟通。

(5)了解本专业技术的发展趋势，可对产品提出合理的改进建议。

(6)掌握本专业通用成熟技术。

(7)掌握本专业与其他专业的接口类型、接口规约和通信协议。

(8)进场监造人员须每天填写监造日志，监造日志的内容须包括监造的设备名称、监造的时间地点、参与生产的班组及人员、采用的材料是否验收合格、生产工艺是否符合要求、生产进度是否合用工期需求等信息。

7.3 工厂监造的时间和地点

工厂监造的时间一般从设备生产前下料时开始至设备生产完成、工厂测试合格且装箱后结束。如果监造人员缺少或设备生产周期较长(超过半年)等特殊情况下可以不对设备整个生产过程进行全程监造，只对设备原材料、元器件进行进场验收，对生产过程中的几个关键工序进行现场监造，对其他工序进行抽查监造。

监造人员进场监造的确切时间以设备生产厂商提供的排产计划为依据，进场监造前，需及时与生产厂家进行沟通，掌握设备生产前准备工作的完成情况及生产的实际动态，根据集成管理项目部的总体安排，做到对设备生产过程的全程监造或关键工序监造。监造人员的作息时间需与生产工人的作息时间一致。

工厂监造的地点需在设备生产、装配车间或实验室进行。进口品牌的设备，无法对其进行工厂监造时，应在设备发往施工现场前，在设备代理商的实验室进行相关的测试，测试合格后出具相应的测试报告，其效力等同于工厂监造总结报告。

7.4 工厂监造内容

进场监造人员主要工作任务是通过对设备生产过程的监督、管理，控制产品的质量和生产进度，使用于本项目的设备质量符合设计和行业规范的要求，使设备的生产进度满足工期的需求。

7.4.1 产品的质量控制

产品质量是整个工厂监造过程控制重点，一般通过对生产厂家质量管理体系运行情况审查、进场原材料的验收、生产工艺的控制、元器件合格证及检测报告的检查、出厂试验的见证以及对产品包装、标识的确认等环节对产品质量进行控制。

1. 审查质量管理体系运行情况

质量管理体系是设备生产过程中质量控制的管理流程和措施，从某种程度上说一个厂商的质量管理体系的执行情况决定了该厂商产品的质量。所以工厂监造人员进驻设备生产工厂后，首先要审查产品在生产过程中是否制定了质量方针、质量目标；是否为实现质量管理的方针目标，有效地开展各项质量管理活动和建立相应的管理体系。如果生产厂家没有按照质量管理体系执行，监造人员应当向设备厂商下达书面的整改通知书，责令其按照要求进行整改。在整改之前生产的产品视为不合格产品。确保质量管理体系在本合同范围内的设备生产过程中正常运行。

2. 元器件和材料验收

设备生产厂商的部分元器件或材料采购于外围厂家，该部分元器件或材料对整个设备的稳定运行起到不可或缺的作用，一旦损坏会对整个设备的功能或性能造成不利影响或严重的后果，所以在设备组装或加工前，工厂监造人员需对该部分元器件或材料按照技术规格书的要求，核对其原产地、品牌、规格、型号、技术参数等信息是否与技术文件一致；查看这些外围构件的合格证、检测报告等产品质量证明文件等是否符合要求；查看元器件和材料存放环境的温度、湿度是否符合这些元器件和材料的存放要求。以上项目经验收合格后方可用于本项目设备生产中；否则向设备生产商下发整改通知单，要求其按要求进行更换。确保设备生产所使用的元器件和原材料均为合格产品。

3.生产工艺控制

(1)对产品的深化设计图纸及生产加工工艺工法进行审查，确保图纸和工艺工法符合要求。

(2)对生产车间工人的技术水平进行了解，确保工人的技术水平符合生产工艺的要求。

(3)对生产车间的机械设备和测量工具进行查看，确保机械和测量工具的误差在允许范围内。

(4)重要零部件的生产或装配，必须有随零部件流转的记录文件如“工艺流程卡”，监造人员随时检查此记录文件上各工序责任人员的签字，上道工序的责任人未签字则不准转入下道工序。

(5)生产过程中的关键工序必须由监造人员现场见证，且关键工序的检验或实验结果符合规定要求后，才允许转入下道工序。

(6)把设备柜体的颜色与系统集成方统一下发的样板进行比对，确保柜体的颜色符合设计要求。

(7)检查柜体和柜门的缝隙以及柜体的表面的平整度、垂直度，确保偏差在允许误差范围内。

(8)抽查机柜内镀锌部件的防腐措施和处理工艺，确保锌层覆盖均匀、厚度达标。

(9)抽查紧固件的型号及拧紧力矩是否符合有关规范要求。

(10)抽查机柜内的焊缝是否饱满均匀，确保焊缝无虚焊、假焊和气泡。

(11)确保机柜内的配线路径合理、排布整齐、端子压接牢固、标识清晰。

(12)对监造过程中出现的质量问题，视其严重程度分别处理：

通过返修可以弥补的一般性质量缺陷，监造人员通过填写“质量问题反馈表”通知设备生产厂商并督促其按期整改；难以修复的重大质量问题，除责成生产厂商写出质量问题调查报告，提出处理方案外，监造人员应立即报告系统集成管理项目部和业主，在征得业主同意后可签发停工指令。

(13)定期召开“监造工作例会”和不定期的专题会议，及时协调解决监造过程中发生的各类可能影响产品质量的问题。

(14)由于监造人员疏忽或业务知识的局限性可能对产品质量有控制不周的地方，为避免已生产完成的大批量设备返工处理，厂商进行批量生产前，要求其按照相关技术文件和规范要求先生产一台样柜，由系统集成方组织业主、监理、设计等单位对样柜进行首件验收。验收合格后由工厂监造人员(代表系统集成方)向设备生产厂商下发书面的批量生产通知书。若样柜验收不合格则由监造人员汇总各方的整改建议督促厂商进行整改，整改合格后，向设备生产厂商下发书面的批量生产通知书。生产厂商按照验收通过的样柜进行批量生产。

4.相关试验或试验报告的检查和见证

工厂监造人员在检查产品的型式试验报告时，应注意如下事项：

(1)出具型式试验报告的单位是否具有相应的资质。

(2)型式试验的内容是否符合有关国标规定。

(3)出具的型式试验报告是否在有效期内。

(4)型式试验有效期限内,产品的材料、制造工艺有无重大改变,如有重大改变则应重新进行新的型式试验

工厂监造人员必须见证产品的出厂试验,并对以下内容进行监控:

(5)检查试验项目、方法、检测手段是否符合有关规范要求。

(6)确认试验项目的完整性和试验数据的真实性,出厂试验的项目需与技术规格书要求的试验项目一致。

(7)通过产品出厂试验,监造人员认为产品符合有关规定,已具备出厂条件的,则应在产品出厂证书上签字。

5.确认产品的包装及标识

(1)产品装箱前监造人员应确认装箱产品的规格型号与包装箱上的型号一致。

(2)设备装箱包装时,确认装箱清单的内容与箱内所装设备、附件的规格型号和数量一致。

(3)监造人员应确认产品的包装与合同要求相符合,产品的外包装应牢固可靠、方便搬运和仓储。

(4)产品的外包装上除了应注明内装设备的规格型号外,还应注明工程名称、安装的地点,如"××车站",产品吊装的受力点,和仓储注意事项等信息。

(5)产品的包装箱外应包覆一层塑料薄膜或包装箱采用特殊的材料,确保设备能够防雨、防潮。

6.产品的生产进度控制

产品的生产进度控制是工厂监造的另一项重要任务,监造人员可通过以下方式控制生产进度。

(1)督促生产厂商在生产之前编制详细的排产计划,工厂监造人员审查排产计划的合理性。工厂监造人员有权根据工程进度的实际需求,对厂商编制的排产计划进行修改。

(2)监造人员调查厂商为本项目设备生产所配置的人力和其他资源,判断能否满足本项目要求的生产进度。若不满足则要求厂商增加相应的资源。

(3)在设备生产阶段,监造人员需实时掌握实际生产进度,把实际的生产进度与排产计划进行对比,若实际进度滞后于计划进度,则要求厂商采取增加人力资源或延长工作时间等措施,确保实际进度满足工程需要。

(4)监造人员组织召开设备生产进度例会,与厂商共同探讨,确保实际生产的总体进度不滞后于计划进度。

(5)对于进口品牌的设备无法进行工厂监造时,系统集成方需查看代理商的采购合同中供货时间条款,确保代理商与供货商签订的供货时间满足工期的需求。

(6)如有特殊原因无法到工厂对整个生产过程进行监造时,可要求生产厂商把元器件采购合同、到货清单和能清楚显示产品序列号的实物照片等扫描件发至系统集成方,供其确认。

7.产品的资料控制

监造人员除了要控制产品的质量和进度外,还应对工厂监造前和工厂监造过程中的相关资料进行编制、记录和收集等工作。

(1)监造人员进驻工厂之前需编制工厂监造方案,监造方案需包含监造设备名称、监造范围、方式;监造人员组成、监造工作周期;对监造设备的质量、进度的主要控制方法和措施。

(2)督促生产厂商对外围采购的元器件和材料的合格证和检测报告进行收集、整理,以备出厂验收时查阅和验收后的移交。

(3)监造人员需对产品的质量缺陷和整改情况进行详细的记录。

(4)监造人员需收集整理监造过程中召开的各种例会和专题会的会议纪要以及整改通知书、整改回复单等各种过程记录资料。

(5)监造人员需对各种出厂试验报告的真实性负责,确保试验报告上数据与试验结果一致。

(6)工厂监造结束后,监造人员需编制工厂监造总结报告,为设备出厂验收提供依据。总结报告需包括以下内容:监造过程中所发生的重大问题及处理结果;监造工作的统计资料,包括见证试验、召开监理例会次数以及监造人员对自身工作的评价、经验教训和对今后工作的建议。

7.5 工厂监造需厂商配合的事宜

为了保证工厂监造的顺利进行,设备生产厂商需要进行如下配合:

(1)设备生产厂商需指定一名配合监造负责人,负责与系统集成方的工厂监造人员进行沟通,接受工厂监造人员的整改建议并有效的组织实施。

(2)设备生产前生产厂商需编制详细的排产计划,提交给系统集成方以便集成管理方及时安排监造人员进场监造。

(3)设备生产厂商及时与监造人员沟通,向监造人员通报设备生产前的准备情况及设备生产的实施动态。以便监造人员对关键生产工序进行抽查监造。

(4)为集成管理方派出的工厂监造人员提供食宿和办公场所及其他的后勤保障。

(5)设备生产厂商应按照技术文件及相关规范的要求进行加工生产,生产全过程需接受监造人员的监督、管理。

(6)对监造人员提出的整改意见和下发的整改通知书应积极响应,主动推荐改进措施和整改方案,保证不折不扣的执行监造人员的合理化建议和要求,确保设备质量合格。

(7)收集整理设备生产过程中的质量控制资料、试验记录资料和其他一些过程记录资料。

完成工厂监造人员提出的其他配合事宜。

第8章　工厂接口测试

工厂接口测试是指在设备批量生产之前，利用各系统设备厂商生产的样柜进行的接口连接测试。为了确保各系统设备间的接口功能正常实现，在设备安装前进行工厂接口测试。现从工厂接口测试的目的、工厂接口测试前准备、工厂接口测试的内容、工厂接口测试问题的处理等方面对工厂接口测试进行详细的阐述。

8.1　工厂接口测试目的

工厂接口测试的目的是为了提前验证存在接口的各设备间的接口功能是否能够完全实现，做到及时的发现接口问题、解决问题。在设计联络阶段和接口联络阶段，针对不同系统设备间的接口数量、接口类型、接口功能、接口界面划分、接口双方的责任以及接口规约和通信协议等事宜进行了详细的商讨并签订了接口规格书等文件。如果接口双方均能按照技术规格书约定的事项完成各自设备的硬件配置和软件配置，从理论上讲，能够完全实现接口的功能。但事实并非如此，由于各设备厂商对接口文件的理解可能有所不同、各自的硬件特性不尽相同等诸多不确定因素，可能导致接口功能不能完全实现，只能由接口责任方更改接口程序或更换接口硬件进行解决。如果此类接口在施工现场安装完毕后再进行首次接口测试，出现上述接口功能不能实现的情况后，只能由接口责任方现场更改程序或返厂更换接口硬件，这样势必会延长现场接口调试的工期、增加相应的费用。为了避免该种情况的出现，在设备生产阶段进行工厂接口测试，做到提前发现问题、分析问题、解决问题，待接口功能完全实现后，再以此接口设备为样品进行批量生产。

8.2　工厂接口测试前准备

系统集成方负责组织工厂接口测试的所有准备工作。工厂接口测试前需要确定接口测试的时间、地点、参加人员、准备测试点表、测试用设备、编制测试方案和搭建测试平台等工作。

8.2.1　确定测试时间、地点

工厂接口测试需在样机生产之后，批量设备生产之前进行。该段时间及其短暂，这就要求系统集成方，根据各接口设备样机计划完成时间合理安排工厂接口测试时间，编制接口测试时间表并发送至各接口设备厂商，督促设备厂商按照该时间进行相应的准备工作。

工厂接口测试地点由系统集成方指定。一般在监控设备厂商实验室进行。被监控设备的测试人员和测试用接口设备需提前一天到达测试地点，准备相关的测试事宜。

8.2.2　确定参加测试人员

工厂接口测试前，系统集成方组织编写接口测试人员名单，接口测试人员原则上由负责系统联调的系统集成方专业工程师、负责接口测试的监理工程师、负责本工程调试的厂商调试工程师以及设计院的相关设计人员等组成。参与接口调试的人员职责如下。

1. 系统集成方专业工程师职责

负责组织工厂接口测试的实施以及接口测试的过程记录和资料收集整理；当接口测试失败，接口厂商又相互推诿，均认为自己设备、软件没有问题时，系统集成方专业工程师配合设计人员，利用接口测试软件或其他方法判断出导致接口测试失败的责任方，并督促其整改。

2. 负责接口测试的监理工程师职责

负责接口测试用的通信协议测试方案（只适用于通信接口）和端对端测试方案的审批以及整个接口测试全过程的见证。

3. 厂商调试工程师职责

负责编制各种测试方案、搭建测试平台、编写调试测试程序、安装测试软件、配置测试数据、以及模拟测试信号等；当接口测试失败时应积极查找失败的原因并进行及时修改或更换。

4. 设计人员职责

负责接口测试过程中的技术监督，接口测试失败时在系统集成方和厂商工程师的配合下查找测试失败的原因。

8.2.3　准备测试点表

工厂接口测试前由被监控设备厂商，按照接口文件的要求，向系统集成方提交一份某典型车站或区间的接口点表，经系统集成方初步审核后转交设计院签字确认，最后将设计确认的测试用点表转交监控系统厂商，由监控系统厂商依据确认的点表进行相关的配置和处理。点表按照接口的类型可分为通信接口点表和硬线接口点表。由于硬线接口点表比较简单，现以PA系统点表为例讲述通信接口点表的内容。

接口文件是被监控设备厂商提供点表的依据，下面是ISCS-PA系统的接口文件的部分相关内容：

1. 接口功能

ISCS-PA系统接口功能见表8-1。

表8-1　ISCS-PA系统接口功能

编号	功能要求	PA系统	ISCS系统	备注
ISCS. PA. 01 ISCS. PA. 02	在PA系统和ISCS系统进行信息交流	（1）向ISCS系统提供广播分区信息、广播设备状态信息。 （2）回应ISCS对PA与ISCS之间的通道进行检测	（1）ISCS系统能监视PA系统的运行状态，并在车站控制室和全线控制中心的显示终端进行显示。 （2）ISCS系统监控广播分区、预录制广播等功能。 （3）每隔500 ms，ISCS对与PA之间的通道进行检测	

2. 接口框图

ISCS-PA系统接口框图如图8-1所示。

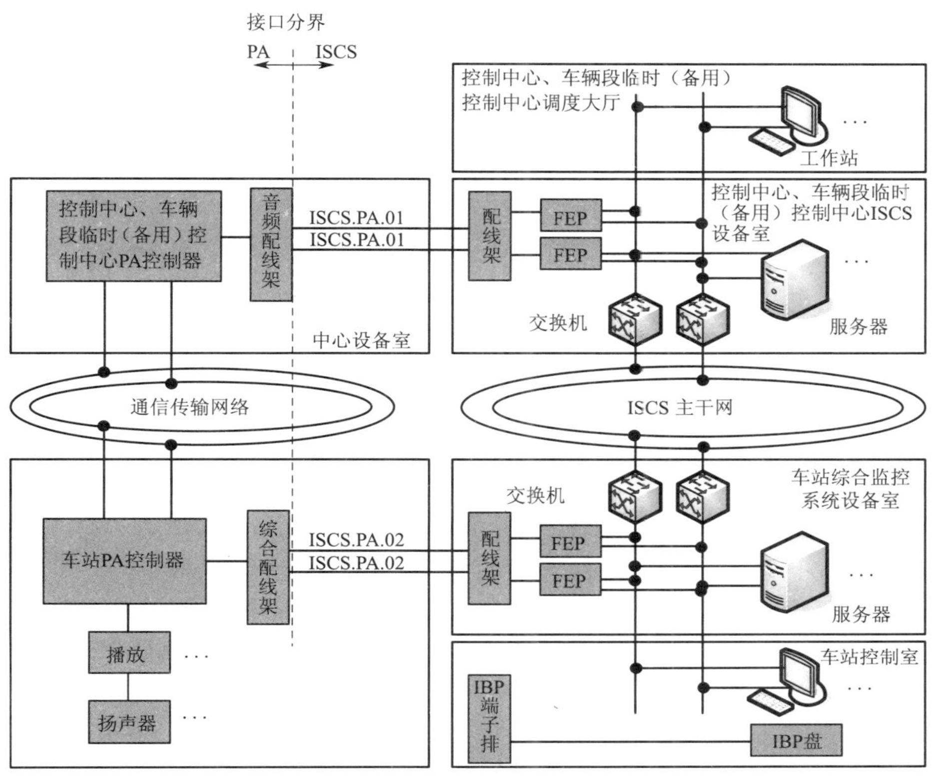

图 8-1　ISCS-PA 系统接口框图

3. ISCS-PA 系统接口位置

ISCS-PA 系统接口位置与数量见表 8-2。

表 8-2　ISCS-PA 系统接口位置与数量

物理接口编号	接口位置		PA 系统	ISCS 系统	接口类型/数量
ISCS. PA. 01	控制中心、车辆段临时（备用）控制中心	通信设备室音频配线架处	提供通信设备室音频配线架处 PA 侧的 RS422 串行接口	提供从 ISCS 系统机柜到通信设备室音频配线架处 RS422 串行接口带标识的屏蔽通信电缆并负责该电缆的敷设、成端及连通等。 注：ISCS 系统前置通信处理器机柜采用底部进出线方式	2 个 RS422 串行接口
ISCS. PA. 02	车　站	专用通信设备室综合配线架处	提供专用通信设备室综合配线架处 PA 侧的 RS422 形式串行接口	提供从 ISCS 系统机柜到专用通信设备室综合配线架处 RS422 串行接口带标识的屏蔽通信电缆并负责该电缆的敷设、成端及连通等。 注：ISCS 系统前置通信处理器机柜采用底部进出线方式	2 个 RS422 串行接口

(1)特性和接口位置

接口位置在控制中心、车辆段临时(备用)控制中心、车站通信设备室音频配线架处。

(2)电气描述

接口为 2 路 RS422 串行接口，其信号定义见表 8-3。

两路 RS422 的连接电缆均按照图 8-2 进行物理连接：

表 8-3 信号定义

号码	信号定义
• 1	• TX−
• 2	• TX+
• 3	• RX+
• 4	• RX−
• 5	• GND
• 6	• 未用
• 7	• 未用
• 8	• 未用

PA侧

号码	信号定义
• 1	• TX-
• 2	• TX+
• 3	• RX+
• 4	• RX-
• 5	• GND
• 6	• 未用
• 7	• 未用
• 8	• 未用

ISCS侧

号码	信号定义
• 1	• TX-
• 2	• TX+
• 3	• RX+
• 4	• RX-
• 5	• GND
• 6	• 未用
• 7	• 未用
• 8	• 未用

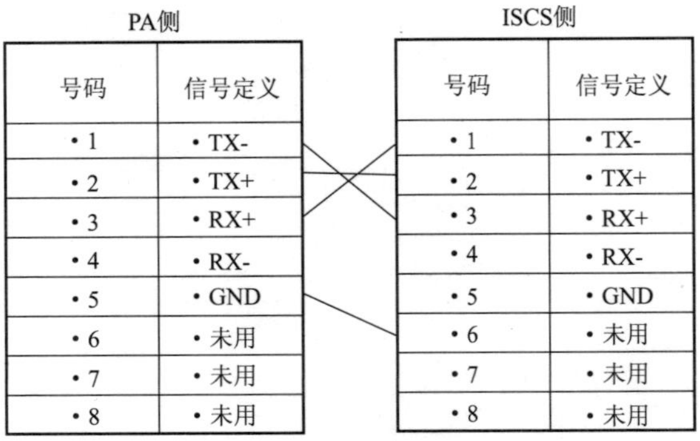

图 8-2 两路 RS422 的物理连接

综合监控系统在每个综合监控设备房通过通信系统配线架，连接 2 路带标识的 RS422 串行接口电缆。

(3)机械描述

RJ45 接线头外形如图 8-3 所示。

4. 通信协议

接口软件协议包括物理接口、通信协议、数据的定义、数据的格式等。

ISCS 与 PA 接口协议：基于 MODBUS-RTU 标准协议。

5. 点表样式

PA 提供点表格式见表 8-4。

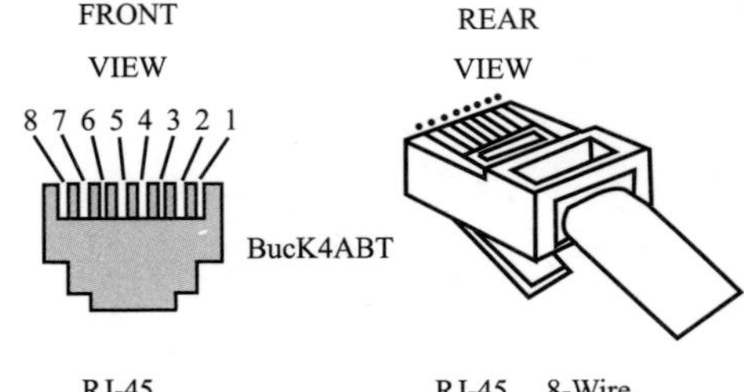

图 8-3 RJ45 接线头外形

表 8-4 PA 点表格式

序号	点描述	点类型	对象地址	状态 0	状态 1	状态 2	备注
供应商名称：							
日期：							

注：以上信息点表需供应商签字盖章

8.3 工厂测试

工厂测试的内容包括(按照时间的先后排列)协议测试和端对端测试。

根据以上接口文件的相关内容，PA 系统厂商提供的某车站的信息点表见表 8-5。

表 8-5 车站的 PA 系统信息点表

PA 系统信息点表									
序号	站名	点描述	点类型	功能码	对象地址(十进制)		状态 0	状态 1	备注
					register	bit			
1	××站	广播设备状态					正常	故障	
2	××站	语音合成模块	DI	3	1	bit0	正常	故障	
3	××站	测试模块	DI	3	1	bit1	正常	故障	
4	××站	I/O 接口模块 1	DI	3	1	bit2	正常	故障	
5	××站	开关控制模块 1	DI	3	2	bit1	正常	故障	
6	××站	开关控制模块 2	DI	3	2	bit2	正常	故障	
7	××站	噪声检测模块	DI	3	2	bit3	正常	故障	
8	××站	功率放大模块 1	DI	3	2	bit4	正常	故障	
9	××站	话筒口播有效位	DO	22	7	bit0	空闲	有效	
10	××站	语音段广播 1 有效位	DO	22	7	bit1	空闲	有效	
11	××站	监听有效位	DO	22	7	bit3	空闲	有效	
12	××站	广播区 1	DO	22	8	bit0	空闲	话筒口播	
13	××站	——	DO	22	16	bit10	保留		
14	××站	车站 1	DO	22	18	bit0	空闲	播放	
15	××站	车站 2	DO	22	18	bit1	空闲	播放	
…	…	…	…	…	…	…	…	…	

从表 8-5 可以看出通信点表的内容至少应包含设备名称、设备编号、I/O 类型(点类型)、点描述、对象地址和状态说明等信息。

8.3.1 准备接口测试设备及接口软件

用于工厂接口测试的设备必须为技术规格书和接口文件规定的设备,不准用其他型号或具有相似功能不同类型的硬件设备代替。两个接口设备间传输介质的型号必须符合设计的要求,长度需要按照现场两个接口设备实际距离考虑。

测试用的接口软件需与现场实际应用的软件一致。监控设备厂商除了需要提供接口软件外,还应提供第三方检测软件,用于监测、统计通信协议接口测试的误码率。

8.3.2 编制接口测试方案

工厂接口测试前,由监控设备厂商和被监控设备厂商共同完成接口测试方案的编制。以通信接口类型为例,接口测试方案包括"通信协议测试方案"和"端对端测试方案"。

1. 通信协议测试方案

(1)测试依据。一般以技术规格书和接口文件作为测试依据。

(2)测试时间。根据系统集成方安排的时间进行。

(3)测试地点。一般在监控设备的实验室进行工厂接口测试。

(4)测试参与方。注明参与工厂接口测试的单位和人员名称等。

(5)测试目标。写明本次测试项目和计划达到的测试效果。

(6)测试设备。本次测试所用的接口设备及传输介质的型号、数量。

(7)通信规约。测试采用的通信规约、通信地址及通信时序等。

(8)通信规约测试。详细阐述通信规约测试的步骤及内容。

2. 端对端测试方案

端对端测试方案应包含以下内容:

(1)测试依据。一般以技术规格书和接口文件作为测试依据。

(2)测试时间。根据系统集成方安排的时间进行。

(3)测试地点。一般在监控设备的实验室进行工厂接口测试。

(4)测试参与方。注明参与工厂接口测试的单位和人员名称等。

(5)测试目标。写明本次测试项目和计划达到的测试效果。

(6)测试设备。本次测试所用的接口设备及传输介质的型号、数量。

(7)通信规约。测试采用的通信规约、通信地址及通信时序等。

(8)端对端测试。详细阐述端对端测试的步骤及内容。

8.3.3 搭建测试平台

参加工厂接口测试的设备厂商,应在测试前一天完成测试平台的搭建工作。测试平台的搭建包含以下内容:

(1)合理放置并固定工厂接口测试的硬件设备。

(2)为参与接口测试的硬件设备配置稳定的工作电源。

(3)用设计要求的传输介质连接两端的接口设备。

(4)安装相应的测试软件并设置相关的参数。

(5)工厂接口测试的步骤和内容

工厂接口测试应按照监理审批的“通信协议测试方案”和“端对端测试方案”中相关测试内容和步骤进行。工厂接口测试时应先进行通信协议测试,通信协议测试成功后再进行端对端测试。

1. 通信协议测试

以综合监控系统一电源整合工厂接口测试为例,讲述通信协议测试的步骤:

(1)检查接口设备之间接线的正确性。

(2)确认接口双方通信参数的一致性。

(3)开启电源,检查通信链路是否正确建立,若不正确,关闭电源,并重复上述两个步骤。

(4)通信过程试验:

①请求遥信数据通信过程测试,测试报文见表 8-6。

表 8-6 遥信数据通信过程测试报文

	描述	大小(Byte)	定义
报头	事务标识	2	顺序号
	协议标识	2	0x0000
	长度	2	0x0006
	单元标识	1	0xFF 或通信单元地址

续上表

	描述	大小(Byte)	定义
Modbus 数据	功能码	1	0x02
	起始地址	2	地址值
	寄存器数量	2	数量值

应答报文：

	描述	大小(Byte)	定义
报头	事务标识	2	顺序号
	协议标识	2	0x0000
	长度	2	0x00FD
	单元标识	1	0xFF 或通信单元地址
Modbus 数据	功能码	1	0x02
	字节个数	1	数量值
	请求的数量	n	数据内容

②请求遥测数据通信过程测试，测试报文见表 8-7。

表 8-7　遥信数据通信过程测试报文

	描述	大小(Byte)	定义
报头	事务标识	2	顺序号
	协议标识	2	0x0000
	长度	2	0x0006
	单元标识	1	0xFF 或通信单元地址
Modbus 数据	功能码	1	0x02
	起始地址	2	地址值
	寄存器数量	2	数量值

应答报文：

	描述	大小(Byte)	定义
报头	事务标识	2	顺序号
	协议标识	2	0x0000
	长度	2	0x00FD
	单元标识	1	0xFF 或通信单元地址
Modbus 数据	功能码	1	0x02
	字节个数	1	数量值
	请求的数量	n	数据内容

③遥控通信过程测试，测试报文见表 8-8。

表 8-8 遥信通信过程测试报文

	描述	大小(Byte)	定义
报头	事务标识	2	顺序号
	协议标识	2	0x0000
	数据长度	2	0x0007+(写入的寄存器数×2)
	单元标识	1	0xFF 或通信单元地址
Modbus 数据	功能码	1	0x10
	写起始地址	2	写入寄存器的起始地址
	寄存器数量	2	客户端需要写入的寄存器数量
	字节个数	1	写入寄存器数量×2
	Data/数据	写入寄存器数量×2	寄存器数据

应答报文：

	描述	大小(Byte)	定义
报头	事务标识	2	顺序号
	协议标识	2	0x0000
	数据长度	2	0x0006
	单元标识	1	0xFF 或通信单元地址
Modbus 数据	功能码	1	0x10
	写入寄存器的起始地址	2	写入寄存器的起始地址
	写入寄存器的数量	2	写入寄存器的数量

通信测试时，按照协议文本的要求设置要发送数据的格式。数据设置好后发送，看返回的数据是否正确(符合协议文本的数据格式要求)。

数据响应时间：从接到数据请求报文至发送数据报文的最大延迟时间为 0.5 s。

数据请求周期：如果应答报文的延时小于 0.5 s，在收到应答时即刻发送下一次轮询；如果超过 0.5 s 没有收到报文则，每隔 0.5 s 发送一次报文。

通信超时时间：0.5 s 内，“主站”没收到“从站”的回应报文，则超时计数器加 1，计数到3 次则清 0，计为一次通信失败。

设备通信工况投、退时间：当通信无应答连续超过 15 次后，认为设备通信工况退出。一旦通信恢复，认为设备通信工况重新投入。

(5)通信误码率试验是验证接口通信过程中有无数据丢失的现象并统计数据丢失或错误的比例。在做通信误码率试验时，一般采用第三方监测软件进行统计发送多少帧数据，收到多少帧数据，丢失多少帧数据，从而计算出该时段的丢帧率。采用第三方软件测试的时候，必须统计密集、连续发送 2 千帧以上的结果，在丢失率小于 0.003 的情况下可以认为通信合格。否则认为通信不稳定，需要做改进。如果在测试过程中出现过超时的情况，则认为通信失败。需要进一步查找原因，调整完成后需要再次进行测试。

2. 端对端测试

端对端测试是指从监控系统(设备)的上位机到被监控系统(设备)上位机之间的测试。

端对端测试的步骤与通信协议测试步骤基本相似，只是通信协议测试的重点是验证接口通信的正确性和稳定性。而端对端测试是在通信测试正确的基础上验证数据点对应关系的正确性。

3. 出具测试报告

工厂接口测试应做到测前有方案、测中记录、测后有报告。工厂接口测试完成后，根据测试过程所记录的数据，由监控厂商出具通信协议测试报告和端对端测试报告，参与测试的各方进行签字确认后，结束工厂接口测试工作。

测试报告分为通信协议测试报告和端对端测试报告。通信协议测试报告至少应包含测试时间、测试地点、测试人员、测试设备、通信参数设置、测试记录数据、测试遗留问题和测试结论等项目。表 8-9 为 ISCS 系统与电源整合的测试报告。

表 8-9　ISCS 系统——电源整合设备通信协议测试报告

测试记录号：ISCS 系统——电源整合设备(协议测试)01

<table>
<tr><td colspan="2">测试时间</td><td colspan="2">××年×月×日</td><td>测试地点</td><td>××实验室</td></tr>
<tr><td colspan="2">测试人员</td><td colspan="4">王小红、王英</td></tr>
<tr><td colspan="2">测试设备</td><td colspan="4">笔记本，DF0241-FC-D2</td></tr>
<tr><td colspan="6">通信参数</td></tr>
<tr><td colspan="6">电源整合设备地址：02　电源整合串口转换器地址：192. 168. 100. 254：6 000
通信超时时间 0. 5 秒 ISCS 至电源整合的最远通信距离约 100 m。</td></tr>
<tr><td rowspan="15">测试记录</td><td rowspan="4">请求遥信数据通信过程测试</td><td>通信过程序号</td><td>ISCS(master)</td><td colspan="2">电源整合设备(slave)</td></tr>
<tr><td>1</td><td>02020064006379CF</td><td colspan="2"></td></tr>
<tr><td>2</td><td></td><td colspan="2">02 02 0D 00 00 00 00 00 00 00 00 00 00 00 00 00 B1 5D</td></tr>
<tr><td colspan="4">ISCS 系统共发送 1 500 包，共接收 1 500 正确包，0 错误包，0 包未响应，误码率为，0%，反应时间 6 ms</td></tr>
<tr><td rowspan="4">请求遥测数据通信过程测试</td><td>通信过程序号</td><td>ISCS(master)</td><td colspan="2">电源整合设备(slave)</td></tr>
<tr><td>1</td><td>020400000063B010</td><td colspan="2"></td></tr>
<tr><td>2</td><td></td><td colspan="2">02 04 B4 00 00 00 02 00 00 00 00 00 00 00 00 00 00
00 00 00 00 00 00 00 00 00 00 00 00 00 00 00 00 00 00
00 00 00 00 00 00 00 00 00 00 00 00 00 00 00 00 00 00
00 00 00 00 00 00 00 00 00 00 00 00 00 00 00 00 00 00
00 00 00 00 00 00 00 00 00 00 00 00 00 00 00 00 00 00
00 00 00 00 00 00 00 00 00 00 FF FF FF FF FF FF FF
FF FF FF FF FF FF FF FF FF FF FF FF FF 00 00 00
00 00 00 00 00 00 00 00 00 00 00 00 00 00 00 00 00 00
00 00 00 00 00 00 00 00 00 00 00 00 00 00 00 00 00 00
00 00 00 00 00 00 00 00 00 00 00 00 00 00 00 00 00 00
00 00 00 00 00 00 00 F3 92</td></tr>
<tr><td colspan="4">ISCS 系统共发送 1 500 包，共接收 1 500 正确包，0 错误包，0 包未响应，误码率为 0%，反应时间 6 ms</td></tr>
<tr><td rowspan="4">遥控通信过程测试</td><td>通信过程序号</td><td>ISCS(master)</td><td colspan="2">电源整合设备(slave)</td></tr>
<tr><td>1</td><td>02100001FF00C5B6</td><td colspan="2"></td></tr>
<tr><td>2</td><td></td><td colspan="2">021000010001B5C6</td></tr>
<tr><td colspan="4">ISCS 系统共发送 10 包，共接收 10 正确包，0 错误包，0 包未响应，误码率为 0%，反应时间 6 ms</td></tr>
<tr><td colspan="2">通信误码率试验</td><td colspan="4">ISCS 系统共发送 3 000 包(需要从站回答，不包括广播校时)，共接收 3 000 正确包，0 错误包，0 包未响应，误码率为 0%</td></tr>
<tr><td colspan="2">遗留问题</td><td colspan="4">无</td></tr>
<tr><td colspan="2">本次测试结论</td><td colspan="4">本次 ISCS—电源整合接口通信协议测试合格</td></tr>
</table>

端对端测试报告的内容与通信协议测试报告的内容基本相同，只是测试记录的内容有所不同。ISCS 系统——电源整合设备端对端测试报告见表 8-10。

表 8-10 ISCS 系统—电源整合设备端对端测试报告

测试记录号：ISCS 系统——电源整合设备(端对端测试)01

<table>
<tr><td colspan="2">测试时间</td><td colspan="2">××年×月×日</td><td>测试地点</td><td colspan="3">××实验室</td></tr>
<tr><td colspan="2">测试人员</td><td colspan="6">王小红、王英</td></tr>
<tr><td colspan="2">测试设备</td><td colspan="6">笔记本，DF0241-FC-D2</td></tr>
<tr><td colspan="8">通信参数</td></tr>
<tr><td colspan="8">电源整合设备地址：02　电源整合串口转换器地址：192.168.100.254:6 000
ISCS 系统至电源整合设备的最远通信距离约 100 m。</td></tr>
<tr><td rowspan="29">测试记录</td><td rowspan="17">请求遥信数据测试(状态量)</td><td>测点名称</td><td>寄存器地址</td><td>设备值</td><td>读取值</td><td>SOE 时间</td><td>延迟时间</td></tr>
<tr><td>1＃充电屏模块 1 故障</td><td>1</td><td>1</td><td>1</td><td>无</td><td>无</td></tr>
<tr><td>1＃充电屏模块输入开关跳闸</td><td>11</td><td>1</td><td>1</td><td>无</td><td>无</td></tr>
<tr><td>2＃充电屏模块 1 故障</td><td>25</td><td>1</td><td>1</td><td>无</td><td>无</td></tr>
<tr><td>2＃充电屏模块输入开关跳闸</td><td>35</td><td>1</td><td>1</td><td>无</td><td>无</td></tr>
<tr><td>2＃充电屏充电机熔断器故障</td><td>36</td><td>1</td><td>1</td><td>无</td><td>无</td></tr>
<tr><td>1＃充电屏直流电压过低</td><td>70</td><td>1</td><td>1</td><td>无</td><td>无</td></tr>
<tr><td>1＃充电屏电池欠压</td><td>72</td><td>1</td><td>1</td><td>无</td><td>无</td></tr>
<tr><td>2＃充电屏电池熔断器故障</td><td>83</td><td>1</td><td>1</td><td>无</td><td>无</td></tr>
<tr><td>2＃充电屏电池开关断开</td><td>84</td><td>1</td><td>1</td><td>无</td><td>无</td></tr>
<tr><td>2＃充电屏直流配电开关跳闸</td><td>85</td><td>1</td><td>1</td><td>无</td><td>无</td></tr>
<tr><td>2＃充电屏直流母线绝缘故障</td><td>86</td><td>1</td><td>1</td><td>无</td><td>无</td></tr>
<tr><td>2＃充电屏电池欠压</td><td>104</td><td>1</td><td>1</td><td>无</td><td>无</td></tr>
<tr><td>2＃充电屏控制母线电压过高</td><td>105</td><td>1</td><td>1</td><td>无</td><td>无</td></tr>
<tr><td>2＃充电屏控制母线电压过低</td><td>106</td><td>1</td><td>1</td><td>无</td><td>无</td></tr>
<tr><td>1＃电池单体电压异常</td><td>113</td><td>1</td><td>1</td><td>无</td><td>无</td></tr>
<tr><td>2＃电池单体电压异常</td><td>115</td><td>1</td><td>1</td><td>无</td><td>无</td></tr>
<tr><td rowspan="12">请求遥测数据通信测试</td><td>测点名称</td><td>寄存器地址</td><td>设备值</td><td>读取值</td><td>延迟时间</td><td></td></tr>
<tr><td>1＃充电屏模块电压</td><td>1</td><td>15</td><td>15</td><td>无</td><td></td></tr>
<tr><td>1＃充电屏电池电流</td><td>2</td><td></td><td></td><td>无</td><td></td></tr>
<tr><td>1＃充电屏充电机电流</td><td>3</td><td></td><td></td><td>无</td><td></td></tr>
<tr><td>1＃充电屏环境温度</td><td>4</td><td></td><td></td><td>无</td><td></td></tr>
<tr><td>1＃充电屏模块 1 电流</td><td>7</td><td></td><td></td><td>无</td><td></td></tr>
<tr><td>……</td><td>……</td><td>……</td><td>……</td><td>……</td><td></td></tr>
<tr><td>2＃充电屏模块电压</td><td>17</td><td></td><td></td><td>无</td><td></td></tr>
<tr><td>2＃充电屏电池电流</td><td>18</td><td></td><td></td><td>无</td><td></td></tr>
<tr><td>2＃充电屏充电机电流</td><td>19</td><td></td><td></td><td>无</td><td></td></tr>
<tr><td>1＃充电屏 C 相交流电压</td><td>35</td><td></td><td></td><td>无</td><td></td></tr>
<tr><td>合母电压</td><td>36</td><td></td><td></td><td>无</td><td></td></tr>
</table>

续上表

<table>
<tr><td colspan="2">测试时间</td><td>××年×月×日</td><td>测试地点</td><td colspan="4">××实验室</td></tr>
<tr><td colspan="2">测试人员</td><td colspan="6">王小红、王英</td></tr>
<tr><td colspan="2">测试设备</td><td colspan="6">笔记本，DF0241-FC-D2</td></tr>
<tr><td rowspan="19">测试记录</td><td rowspan="14">请求遥测数据通信测试</td><td>测点名称</td><td>寄存器地址</td><td>设备值</td><td>读取值</td><td>延迟时间</td><td></td></tr>
<tr><td>……</td><td>……</td><td>……</td><td>……</td><td>……</td><td></td></tr>
<tr><td>2＃充电屏 C 相交流电压</td><td>43</td><td></td><td></td><td>无</td><td></td></tr>
<tr><td>合母电压</td><td>44</td><td></td><td></td><td>无</td><td></td></tr>
<tr><td>电池电压</td><td>45</td><td></td><td></td><td>无</td><td></td></tr>
<tr><td>控母电压</td><td>46</td><td></td><td></td><td>无</td><td></td></tr>
<tr><td>Ⅰ段正对地绝缘电阻</td><td>50</td><td></td><td></td><td>无</td><td></td></tr>
<tr><td>Ⅰ段负对地绝缘电阻</td><td>51</td><td></td><td></td><td>无</td><td></td></tr>
<tr><td>第一条接地的支路号</td><td>52</td><td></td><td></td><td>无</td><td></td></tr>
<tr><td>第一条接地支路对地电阻</td><td>53</td><td></td><td></td><td>无</td><td></td></tr>
<tr><td>Ⅱ段正对地绝缘电阻</td><td>55</td><td></td><td></td><td>无</td><td></td></tr>
<tr><td>Ⅱ段负对地绝缘电阻</td><td>56</td><td></td><td></td><td>无</td><td></td></tr>
<tr><td>第二条接地的支路号</td><td>57</td><td></td><td></td><td>无</td><td></td></tr>
<tr><td>第二条接地支路对地电阻</td><td>58</td><td></td><td></td><td>无</td><td></td></tr>
<tr><td rowspan="4">遥控功能测试</td><td>测点名称</td><td>寄存器地址</td><td>设备值</td><td>读取值</td><td>延迟时间</td><td></td></tr>
<tr><td>1＃机模块 1 开关机</td><td>30</td><td>FF</td><td>FF</td><td>无</td><td></td></tr>
<tr><td>1＃电池均充浮充控制</td><td>50</td><td>FF</td><td>FF</td><td>无</td><td></td></tr>
<tr><td>2＃电池均充浮充控制</td><td>51</td><td>FF</td><td>FF</td><td>无</td><td></td></tr>
<tr><td>通信误码率试验</td><td colspan="6">ISCS 系统共发送 3 010 包(需要从站回答，不包括广播校时)，共接收 3 010 正确包，0 错误包，0 包未响应，误码率为 0%</td></tr>
<tr><td colspan="2">遗留问题</td><td colspan="6">无</td></tr>
<tr><td colspan="2">测试结论</td><td colspan="6">端对端测试合格</td></tr>
</table>

4. 工厂接口测试问题处理

工厂接口测试失败时，参与测试的设备厂商首先检查接口线缆连接的正确性，确认线缆连接正确无误后，检查通信参数的设置是否正确，确认通信参数正确后，由系统集成方检查各自接口程序是否有误，接口程序有误的设备厂商进行整改，若双方均确认各自的接口程序正确无误，则由系统集成方用第三方接口监测软件进行测试，判断出问题的责任方，并督促其限期整改。整改完成后再组织各方进行测试，直到接口测试成功为止。问题解决的全过程应做详细的记录并与接口测试方案、接口测试报告等资料作为工厂接口测试的整套资料进行存档。

第9章　出厂验收

出厂验收是购买方在设备、材料生产完成后，发往施工现场前，对设备的生产工艺、设计功能、质量过程控制资料及相关质量证明文件等项目进行的一次全面检查验收。下面从出厂验收的条件和依据、验收前准备、验收内容、问题处理、验收总结等方面对出厂验收的流程和注意事项进行详细的阐述。

9.1　出厂验收条件和依据

申请出厂验收的设备，需在工厂监造人员的监督管理下严格按照技术规格书及相关行业规范的要求生产完成、与相关系统设备的接口功能全部实现、且经过生产厂家自检自查完全符合设计要求的前提下，由生产厂商向系统集成方提交出厂验收申请，待系统集成方同意后方可进行出厂验收工作。

设备出厂时验收组按照以下技术文件或规范的要求进行验收：

(1) 设计联络阶段签订的《××系统设备技术规格书》。

(2) 接口联络阶段签订的《××系统设备与相关专业的接口文件》。

(3)《建筑物电子信息系统防雷技术规范》GB 50343—2004。

(4) GB 7947—1987《绝缘导体和裸导体的颜色标志》。

(5) IEC 60298—1990《额定电压1 kV以上至52 kV交流金属封闭开关设备和控制设备》。

(6) EN 50124—12001《绝缘条件》。

(7) GB 4208—93《外壳防护等级的分类》。

(8)《民用建筑电气设计规范》JGJ/T16/2008。

(9) 国际电工学会标准(IEC)。

(10)《地铁设计规范》GB 50157—2003。

9.2　出厂验收前准备

设备出厂验收前，设备生产厂商和系统集成方需进行充分的准备和安排，以便出厂验收工作的顺利进行。

9.2.1　设备生产厂商的准备工作

1. 递交出厂验收申请报告

待出厂的设备经工厂监造人员签字同意出厂后，由设备生产厂商向系统集成方提交出厂验收申请。出厂验收申请的内容至少应包含申请验收的项目名称、设备名称、设备数量、申请验收的时间、地点(验收地点一般选在设备生产工厂)以及设备工艺、设备功能的自检情况等。

2. 搭建设备功能检测平台

出厂验收前，设备生产厂商需在出厂验收地点搭建功能测试平台，准备相应的测试仪器仪表，配置专业的测试人员，以备出厂验收时功能验收小组对设备功能进行出厂前抽查。准备的测试项目以技术规格书要求的出厂检测项目为准。

3. 收集整理生产过程资料

设备的生产记录资料是出厂验收检查的另一项内容。出厂验收前设备生产厂商需收集、整理以下资料,以备验收组检查。

(1) 外购元器件或材料的采购合同(商务部分除外)、报关单(只限进口元器件或材料)、合格证及检测报告等。

(2) 针对该类型设备的型式试验报告、出厂试验报告、设备合格证。

(3) 针对本项目设备的使用手册、维护手册、深化设计图纸等资料。

(4) 与相关接口系统设备的工厂接口测试方案、测试报告。

(5) 设备生产过程中的质量控制资料和记录资料。

(6) 工厂监造过程的全套记录资料。

4. 其他准备工作

个别厂商的设备生产厂区,进出管理制度比较严格,需要设备生产厂商提前办理进出手续或证件;与系统集成方沟通,根据验收小组的人数提前安排交通、食宿等事宜。

9.2.2 系统集成方的准备工作

1. 确定验收时间、地点

地铁工程中给予设备生产、安装的时间极其短暂,这就需要系统集成方根据工期要求及设备生产的进度与各个系统设备的生产厂商合理安排竣工验收时间,保证每种设备均有足够的验收时间,避免多种设备同时验收,导致设计、监理、业主因人员有限而不能参与某种设备验收的现象。

出厂验收的地点一般选在设备原产地的工厂进行,因为设备生产工厂的检测仪器和人员配置比较齐全,可以方便出厂验收时各种功能的检验;另外也方便厂商对验收提出的问题进行整改。

2. 确定验收人员

参与出厂验收的人员名单由系统集成方在出厂验收前确定。一般由业主、监理、设计、系统集成方以及设备厂商等单位的技术负责人参加。各单位人员的职责为:

业主职责:对整个出厂验收的过程进行监督管理;综合各验收小组的意见,给出是否准予出厂的结论。

监理职责:对设备的生产工艺进行检查验收,对生产过程记录资料及设备出厂试验报告的真实性、有效性进行评判。

设计职责:对设备的功能进行检查验收,对合同及行业规范要求的出厂试验项目进行抽查。

系统集成方职责:对整个验收过程进行组织协调,并配合监理、设计对设备的生产工艺、功能、资料等项目进行检查验收。

设备厂商职责:配合验收小组进行各个项目的验收,为验收小组提供后勤保障。

3. 编制验收方案

出厂验收方案由系统集成方编写,由监理审查,业主审批。出厂验收的内容除了包括验收时间、地点、参与人员及分组情况等基本内容外,还应详细写明验收的依据,验收范围、验收项目、验收标准等内容。

9.2.3 出厂验收流程

验收组到达设备生产厂家后,召开验收工作会议,该会议由系统集成方主持,首先对各方参会的人员进行介绍,再由设备生产厂商就本项目合同范围内的设备生产完成情况、生产工艺控制情况、功能实现情况、资料收集整理情况进行简单的介绍;然后由系统集成方宣读本次硬件、功能、资料验收的分组情况、验收的范围和内容以及需要生产厂商配合的事宜等;最后参与验收的人员根据各自的分工,对设备进行详细的检查验收,并做好验收过程记录,把验收的结果汇报给业主,由业主根据各组的验收情况进行综合判断,并给出是否准予出厂的结论。

9.2.4 出厂验收内容

设备的硬件配置和生产工艺验收、功能验收、资料验收是出厂验收的主要内容。为提高验收效率,以上三项验收内容可同时进行,其中设备硬件配置和生产工艺验收由监理负责,系统集成方配合,共同检查设备元器件的规格型号、柜体板材厚度、柜体尺寸、柜体颜色、眉头形式以及柜内金属部件防腐处理等项目是否符合设计文件的要求;设备功能验收由设计负责,系统集成方和设备生产厂商配合共同完成对设备出厂实验项目的抽查验收;资料验收由系统集成方负责,设备生产厂商配合,完成各种实验报告、合格证、操作手册、维护手册及其他过程记录资料的完整性和有效性的检查验收。

下面以北京某条运营线路 12 kV 开关柜的出厂验收为例讲述设备出厂验收的检验内容。

1. 硬件配置和生产工艺验收内容

成产工艺验收内容见表 9-1。

表 9-1 成产工艺验收内容

验收项目	技术要求(品牌、型号)	待出厂设备元器件的技术参数	是否符合要求
断路器加手车组件	Evolis-17.5 1250 A/25 kA DC220 V		
真空泡	1250A 25kA		
框架	施耐德		
底盘车	施耐德		
附件	施耐德		
接地开关	59497C		
带电显示装置	59499		
电压互感器	JDZX9-10C 10/RT3:0.1/RT3:0.1/3 kV 0.5/3P		
电压互感器	JDZX12-10 0.2/0.5 10/RT3:0.1/ RT3:0.1/RT3 kV 半绝缘		
电压互感器	JDZ12-10 10/0.1 KV 0.5		
电流互感器	LZZB12-12A1 600/1 0.2/0.5(10P20)		
电流互感器	LZZB12-12A1 200(100)/1 0.5/10P20		
电流互感器	LZZB12-12A1 400/10.5(10P20)/ 0.5(10P20)		
电流互感器	LZZB12-12A1 400/1 0.5(10P20)/5P20		
零序互感器	LJZ-120 100/1 10P10		
避雷器	HY5WZ-17/45Q		
熔芯	XRNP2-10/2A		
熔芯	XRNP1-10/2A		
旋转按钮	LA39-22X		
转换开关	LW39A-16 YH2/3		

续上表

验收项目	技术要求(品牌、型号)	待出厂设备元器件的技术参数	是否符合要求
转换开关	LW39A-16Z/1a420/4Y		
转换开关	LW39A-16 R33/3		
电压表	42L6-V 0-12 kV 10/0.1 kV		
电能质量表	ION7650		
多功能表	PM810+PM810LOG		
多功能表	PM750		
中间继电器	RXM4AB1MD+RXZE2S114M		
外电源进线保护装置	F650		
进出线保护	L30		
进出线电流后备保护	F650		
馈线(整流变压器)保护	F650		
馈线(动力变压器)保护	F650		
开闭所母联保护	F650		
非开闭所母联保护	F650		
开关柜柜体尺寸	750×940×2 250 mm(上进上出)		
柜体表面平整度	小于 1 mm		
柜体表面垂直度	小于 1 mm		
柜体板材厚度	不小于 2 mm		
柜内金属部件防腐措施	热镀锌处理		
柜体颜色	柜体颜色采用 RAL7035 色标、橘纹		
眉头字体、颜色	眉头底色色标为 RAL3024,高度为 60 mm,与柜子同宽;字体采用黑体,颜色为白色,字体高度 46 mm,上下居中布置		

2. 设备功能验收内容

设备功能验收内容见表 9-2。

表 9-2 设备功能验收内容

验收项目	合用约定的功能	实测功能	是否符合要求
电流保护	F650 电流保护具有独立的电流速断、低压启动过流保护、零序保护、反时限过电流及过负荷保护功能		
电压保护	F650 提供的过/低电压保护的范围达 3-300 V		
失灵保护	当断路器发生机构故障导致跳闸失灵时,起动本断路器的上级断路器,解除故障		
差动保护	当保护区内发生各种短路故障时,保护装置瞬时跳开故障电缆两侧断路器(三相跳闸)		
信息采集功能	采集开关设备的开关状态、运行参数、故障信息		
母联自投功能	装置利用输入条件进行逻辑判断,并输出判断结果,完成设备的安全闭锁及自动投入		

3. 设备资料验收

设备资料验收内容见表 9-3。

表 9-3 设备资料验收内容

验收项目	资料验收问题记录	是否符合要求
断路器的采购合同(不含商务部分)		
断路器报关单		
断路器检测报告		
断路器合格证		
型式试验报告		
各种元件的动作时间特性试验报告		
各种元件的动作特性试验报告		
逻辑回路及其联合动作正确性试验报告		
绝缘电阻试验报告		
介质强度试验报告		
接口测试报告		
机械连锁试验报告		
……		

不同设备的硬件配置及设计功能不尽相同,各种设备出厂验收内容应根据各自技术规格书及相关技术文件和行业规范进行编制。

9.2.5 出厂验收问题处理

由于设备生产厂商对技术规格书的理解可能有所偏差、技术工人的操作水平参差不齐,设备在生产时难免出现质量瑕疵。在不影响设备使用功能及使用安全的前提下可以要求设备生产厂商,对出厂验收时发现的问题进行限期整改。整改结果报系统集成方核实,经出厂验收小组各单位成员确认后方可出厂。

若设备有重大的、不可修复的质量缺陷或安全隐患,则该批设备不准出厂。责成设备生产厂商写出质量调查报告,提出处理方案并上报业主,针对该问题召开专题讨论会制定最终的处理方案。

9.2.6 出厂验收总结

每种设备验收完毕后,系统集成方针对验收过程中发现的硬件配置问题、生产工艺问题、功能问题、资料问题等,进行认真的分析总结,从技术层面、管理层面及合同层面制定相应的对策,以避免下个项目集成管理阶段出现类似的问题;对设备生产厂商的信誉、生产能力、技术水平、管理体系等进行客观评价,建立生产厂商综合实力评价档案,在今后新的项目招投标时为业主提供信息。

第 10 章　系统测试

10.1　接口模拟平台测试

当今城市轨道交通设备系统种类多、接口复杂、系统集成化程度不统一，且各条轨道交通建设工程都不同程度存在时间紧、任务重的情况。接口模拟测试平台的搭建就是要在设备系统正式安装到现场前，在工厂条件下搭建模拟测试平台，对各设备系统的接口进行测试，完善接口内容，将系统间接口问题发现并解决在工厂生产阶段，为后续的各车站的设备系统综合联调提供了一个非常有力的指导依据，极大地节省综合联调的时间。

10.1.1　模拟平台测试范围

设备系统接口模拟测试平台主要适用于通信系统（传输子系统、广播子系统和图像子系统）、信号系统、综合监控系统（屏蔽门系统、电力自动化监控系统、环境与设备监控系统、门禁系统）、供电系统（10 kV 开关柜、整流变压器、配电变压器、排流柜、整流器、750 V 开关柜、400 V 开关柜和再生制动能量消耗装置、交直流电源屏、电源整合设备装置、轨电位限制装置）、电能质量管理系统、风水电设备（车站风水电设备、区间风水电设备、电扶梯设备、车站照明配电箱）、火灾自动报警系统、屏蔽门系统和旅客信息系统。

10.1.2　测试的依据

测试依据应包括以下内容：

(1)相关工程设计资料。

(2)相关系统接口技术规格书。

(3)相关系统接口测试方案、测试记录和测试报告。

(4)其他相关文件。

10.1.3　测试目的

(1)当前轨道交通工程工期普遍十分紧张，为了缩短现场各系统联调的工期，把系统设备间的相关接口问题尽可能地在模拟测试平台给予协调解决。

(2)模拟测试平台的搭建给后续的各系统车站的综合联调提供了一个非常有力的指导依据，节省了综合联调的时间。

(3)模拟测试平台的搭建从另一方面有效地检查和督促各系统设备供应商的系统设备生产质量满足设计需求，项目执行进度满足现场的实际需求。

(4)模拟测试平台的搭建从系统功能上对设计有了一次验证，同时简单地印证了部分设计功能的合理性和适用性，对后续的设计功能优化提供了有效的支持依据。

10.1.4　典型车站接口模拟平台测试实施方案

1. 模拟测试平台组网方案

模拟测试平台组网方案如图 10-1 所示。

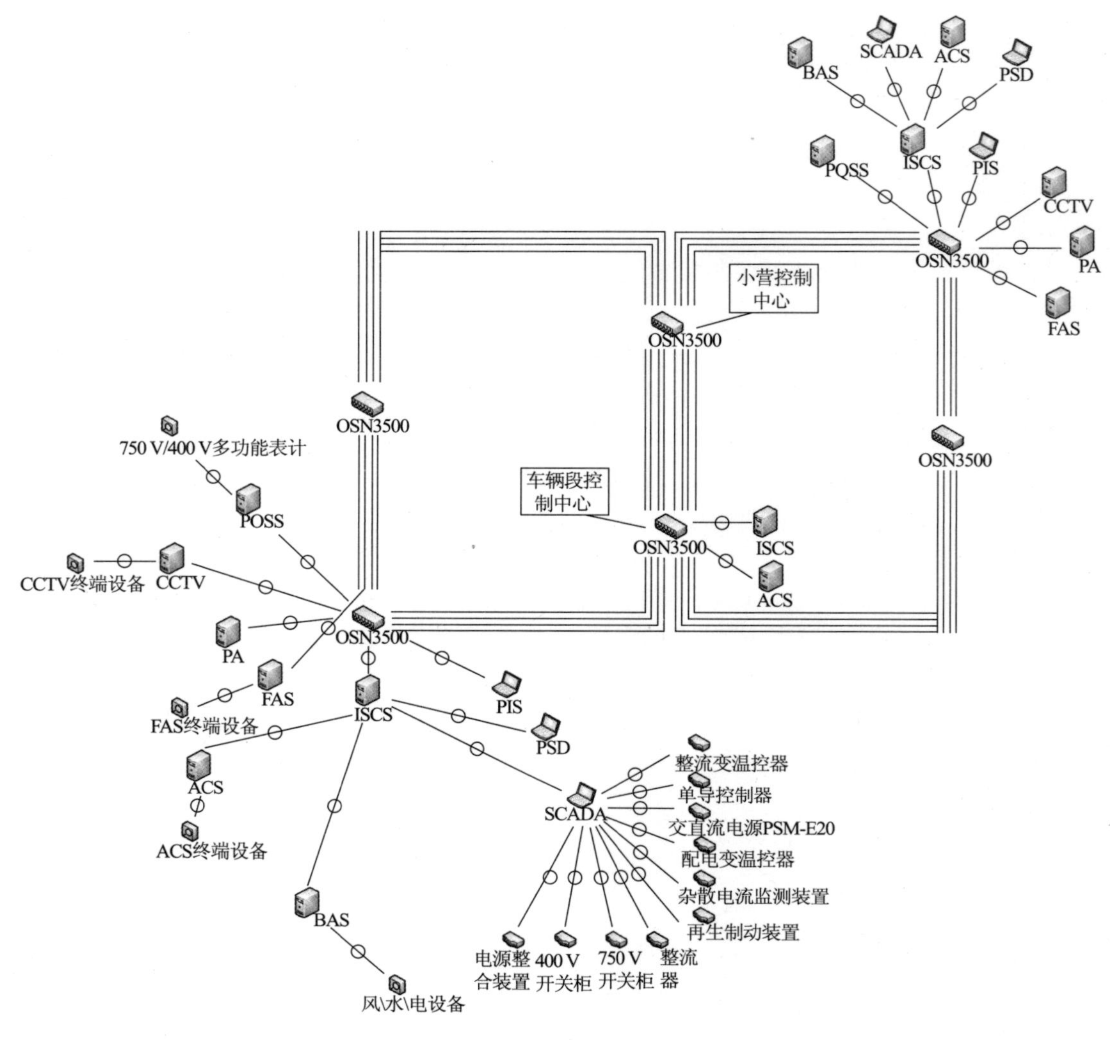

图 10-1 模拟测试平台组网方案图

上述模拟测试组网方案以综合监控系统和通信传输系统为主要架构点，综合监控系统需用两套设备来分别模拟典型车站和控制中心的功能实现。通信传输系统则需模拟实际应用的组网结构来进行模拟测试。综合监控系统中分别以电力自动化监控系统和环境与设备监控系统为分支架构点，相应的变电所设备和风水电设备则作为终端设备来进行模拟测试。

2. 模拟测试平台接口

模拟测试平台接口关系图如图 10-2 所示。

模拟测试平台接口关系图中仅简单地示意了参与模拟测试平台的各系统设备之间的接口关系，具体的接口实施方案及接口管理的编号以确认的接口管理文件为准。

3. 模拟测试平台设备要求

(1)各系统专业参加模拟测试平台的软件、设备及材料一般为定型产品。

(2)典型车站模拟测试平台的搭建是在系统设备接口测试(通信协议测试、点对点测试)的基础上进行的，因此，各系统设备要求为接口测试成功完成后的最新配置。

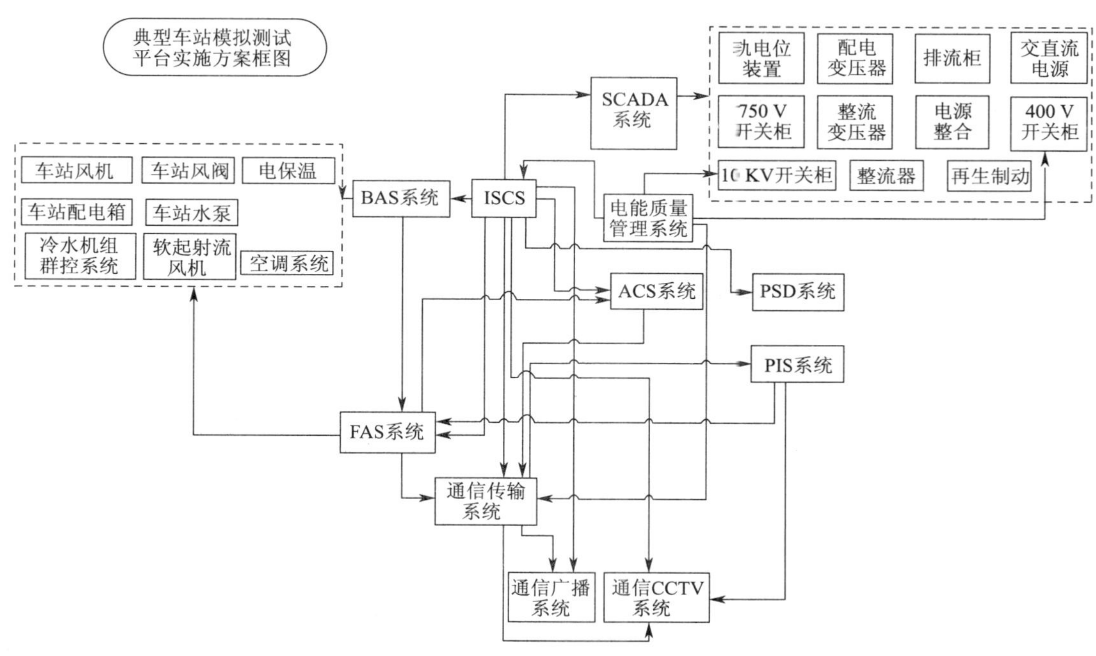

图 10-2　模拟测试平台接口关系图

4.模拟测试平台测试秩序

根据模拟测试平台的组建方案，参与测试的系统很多，为了实现模拟测试平台搭建的真实效果，使模拟测试平台中的各项测试工作有序可控，模拟测试平台的各系统测试秩序如图 10-3所示。

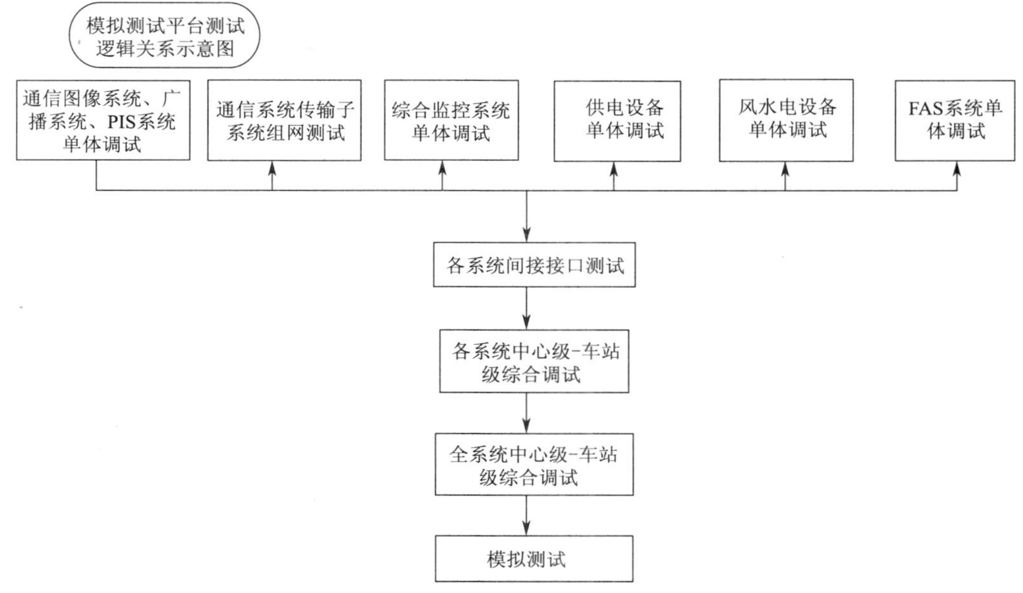

图 10-3　模拟测试平台测试逻辑关系示意图

5.模拟测试侧重点

模拟测试平台的搭建测试需要在系统集成阶段所进行的相关系统接口通信协议测试和点

对点测试所完成的基础上对各系统设备间以下几个方面作为测试重点：

（1）模拟测试通信传输通道的双环网的稳定性。

（2）模拟测试其余未进行接口测试的系统设备间的通信测试。

（3）制定临时控制点表，模拟测试相关系统设备间的联动状态。

（4）模拟测试整个系统结构搭建完成后的稳定性。

10.2 系统调试

城市轨道交通系统在开通运营前需完全实现设计功能，具备验收条件，为此，各设备系统自身调试及各系统联合调试必须完成，且各项功能均实现，下面将着重介绍各主要设备系统的联合调试。

10.2.1 信号系统联调

1. 信号系统与综合监控系统联调

(1)测试目的

ATS 与 ISCS 互联。ATS 通过本地 ATS 收集和传输现场信息，现场数据包括信号设备状态、列车的信息和状态(识别号、位置及列车状态)。OCC 接收到这些信息后，经处理显示给 OCC 操作员，OCC 操作员据此向 ATS 发布命令，或给列车分配新的任务。ATS 负责监视整个 SIG 和列车运行数据，管理并监督列车运行调整算法(如保证按时刻表和行车间隔运行的算法)，以及对交通需求和延迟造成时刻表变动的处理功能。

(2)测试内容

①后备模式下区间轨道(由信号设计列出)占用时间超过 210 s，按计轴为单位送出超时信息；CBTC 模式下列车在区间轨道停车超过 210 s 后，按计轴为单位送出阻塞信息。轨道、道岔占用状态、信号机状态、锁闭信息、道岔状态、列车信息(列车 ID、位置、列车状态)；ATS 设备故障状态、列车时刻表(实际与计划时刻表)、列车的实际到站时刻和离站时刻。

②回应 ISCS 对 ATS 与 ISCS 之间的通道进行检测。

③实现车站控制室对本站 ATC 设备的紧急控制功能。

2. 信号系统与 TCC 系统联调

(1)测试目的

通过 TCC 系统人机界面监视 ATS 系统状态。

(2)测试内容

①回应 ATS 与 TCC 之间的通道进行检测。

②实现 TCC 对车辆信号状态的监控。

3. 信号系统与 PIS 系统联调

(1)测试目的

将实时 ATS 信息发送至 PIS 系统相应显示终端并在显示终端显示列车的到站信息。

(2)测试内容

①ATS 向 PIS 系统单向发送数据：下两列车到站时间(绝对时间)、下两列车目的地、下两列车下一站、列车进站、列车跳停、列车退出服务信息、列车进段和出段信号、上下行方向首末班车信息。

②PIS系统接收信号系统发送的ATS信息,并将实时ATS信息发送至PIS系统相应显示终端进行显示。

4.信号系统与时钟系统联调

(1)测试目的

检查与时钟系统的接口功能是否达到设计要求。

(2)测试内容

ATS系统能够周期性接收到标准时钟信息。

5.信号系统与无线系统联调

(1)测试目的

信号系统向专用无线通信系统提供ATS信号。

(2)测试内容

①信号ATS系统向专用无线通信系统(ZRS)提供列车相关信息。

②专用无线通信系统(ZRS)利用信号ATS系统提供信号信息以识别列车信息。

③信号ATS系统应不间断的从两条链路向专用无线通信系统(ZRS)发送所有列车的列车信息,时间间隔为5s,两条链路信息完全一致。

6.信号系统与广播系统联调

(1)测试目的

信号系统向专用通信广播系统(ZPA)发送列车到站信号,ZPA进行列车到站广播测试。

(2)测试内容

①信号系统为专用通信广播系统(ZPA)提供列车到站信息。

②专用通信广播系统(ZPA)接收信号系统提供的列车到站。

7.信号系统与控制中心大屏幕屏联调

(1)测试目的

检查与显示屏的接口功能是否达到设计要求。

(2)测试内容

①显示屏能够收到ATS发送的信息。

②显示屏能够正确显示ATS发送的信息。

8.信号系统与FAS系统联调

(1)测试目的

验证FAS与信号系统接口功能的正确性。

(2)测试内容

①发送火灾报警信息,接收信号系统的确认信息。

②接收FAS提供的火灾报警信息(如火灾发生的位置、时间以及严重等级等信息),反馈确认信息。

9.信号系统与车辆系统联调

(1)测试目的

检查与车辆系统的接口功能是否达到设计要求。

(2)测试内容

①车辆输入/输出测试。

②CANBUS通信测试。

③在 ATP 监控模式防止车辆超速。

④车辆开关车门控制和模式转换。

⑤车辆自动驾驶。

⑥报警信息传输系统能够周期性从时钟系统接收到标准时钟信息。

10.2.2 供电系统联调

1. 再生制动装置与车辆联调

(1)测试目的

制动吸能电阻调整参数,保证车辆能正常制动。

(2)测试内容

①根据车辆运行速度制动级位处在最小制动级位,吸收设备投入吸收,纪录电网电压、总吸收电流、每相吸收电流、吸收波形。

②制动级位处在中等制动级位,吸收设备投入吸收,纪录电网电压、总吸收电流、每相吸收电流、吸收波形。

③制动级位处在全制动级位,吸收设备投入吸收,纪录电网电压、总吸收电流、每相吸收电流、吸收波形。

2. 变电所与 SCADA 系统联调

(1)测试目的

确保变电所内所有设备能将设备自身的信息正确上传至本站所在的 PSCADA 系统并且显示在 PSCADA 的人机界面上,变电所内所有设备能在 PACADA 发出指令后正确动作。

(2)测试内容

①通信过程试验。根据变电所各个设备厂家提供的通信协议对收发报文进行观察分析。如整个通信过程正常,则表示通信正常,规约测试通过;如不正常,则需要双方厂家协定修改规约程序最终达到正常通信。

②数据性试验。挑选特殊点进行测试,检验通信规约对于遥信、遥测及其他的数据解释是否正确,各个设备的信息最终能否反馈到控制信号盘的一体机上,通过对控制信号盘的操作能否对开关柜进行正确的分闸、合闸动作。

10.2.3 FAS 系统联调

1. FAS 系统与照明配电箱联调

(1)测试目的

确保在 FAS 中的照明配电箱(低压开关柜)控制、监视功能的正确实现。

(2)测试内容

①FAS 系统对照明配电箱(低压开关柜)的进行控制及监视功能的测试。

②照明配电箱(低压开关柜)检查相关照明配电箱(低压开关柜)是否正确执行了命令并且反馈信号到 FAS 系统。

③FAS 核对照明配电箱(低压开关柜)返回信号的正确性。

2. FAS 系统与应急电源屏系统联调

(1)测试目的

确保在 FAS 中的应急电源(EPS)监视功能正确实现。

(2)测试内容

①FAS系统对应急电源(EPS)的进行监视功能的测试。

②应急电源(EPS)人员检查相关应急电源(EPS)开启后是否将启动信号发送给FAS系统。

③FAS核对应急电源(EPS)监视信号的正确性。

3. FAS与广播系统联调

(1)测试目的

检验PA系统和FAS接口部分的功能是否达到设计要求。

(2)测试内容

开通消防广播台,逐层试通消防广播,并将消防广播切换信号送至各层消防广播切换器(中继器),检查其切换动作是否正确可靠;再在有背景音乐的情况下检测其切换动作。

4. FAS与防火阀联调

(1)测试目的

检验防火阀和FAS接口部分的功能是否达到设计要求。

(2)测试内容

①FAS人员模拟火灾情景,核对联动输出的正确性。

②防火卷帘技术人员检查相关卷帘是否正确执行了命令并且返回信号到FAS。

③FAS人员核对防火卷帘反馈信号的正确性。

5. FAS与电梯联调

(1)测试目的

确保在FAS中的电梯功能的正确实现。

(2)测试内容

①FAS系统对电梯进行控制及监视功能的测试。

②电梯技术人员检查相关电梯是否正确执行了FAS系统的控制命令,并且反馈相应的状态信号到FAS系统。

③FAS人员核对电梯返回状态信号的正确性。

6. FAS与消防水泵联调

(1)测试目的

确保在FAS中的消防水泵控制功能的正确实现。

(2)测试内容

①FAS人员模拟接口规格书规定的控制指令输出给消防水泵控制箱。

②消防水泵控制箱处于远程/就地状态时,FAS显示远程或者就地状态信号。

③消防水泵控制箱远程/就地开关处于远程位置时,无论消防水泵处于何种状态(运行、停止),FAS的模块或者联动控制盘控制命令(运行、停止)发来时,消防水泵按照FAS控制命令(运行、停止)执行。

7. FAS与时钟系统联调

(1)测试目的

校验控制中心及备用中心的火灾报警控制器与主时钟系统同步信息,保证FAS与主时钟同步误差≤10 ms;校验控制中心FAS和车站级FAS同步信息;校验车辆基地内部的火灾报警控制器时钟同步信息。

(2)测试内容

①FAS 系统对时钟进行监视功能的测试。

②FAS 人员核对时钟返回状态信号的正确性。

8. FAS 与环控柜联调

(1)测试目的

确保在 FAS 对环控柜控制功能的正确实现。

(2)测试内容

①FAS 系统对环控柜进行监视功能的测试。

②FAS 人员核对环控柜返回状态信号的正确性。

9. FAS 与电动蝶阀联调

(1)测试目的

确保在 FAS 中的消防水管电动蝶阀控制、监视功能的正确实现。

(2)测试内容

①FAS 系统对消防水管电动蝶阀进行控制及监视功能的测试。

②消防水管电动蝶阀技术人员检查相关消防水管电动蝶阀是否正确执行了命令并且反馈信号到 FAS 系统。

③FAS 人员核对消防水管电动蝶阀返回信号的正确性。

10.2.4 BAS 系统联调

1. BAS 系统与 FAS 系统联调

(1) 测试目的

确保在火灾模式下能控制环境与车站设备监控系统的消防设备正确动作。

(2) 测试内容

①通信过程试验根据 FAS 专业提供的通信协议对收发报文进行观察分析。如整个通信过程正常,则表示通信正常,规约测试通过;如不正常,则需要双方厂家协定修改规约程序最终达到正常通信。

②数据性试验根据接口信息点表进行测试,检验通信规约对于遥信、遥测及其他的数据解释是否正确,FAS 的各个设备的信息是否能在调度员操作界面上显示正常,接口协议上需要控制的设备点能否正确动作。

2. BAS 系统与电梯、扶梯系统联调

(1) 测试目的

确保在火灾模式下能控制环境与车站设备监控系统的消防设备正确动作。

(2) 测试内容

①通信过程试验。根据 FAS、BAS 专业提供的通信协议对收发报文进行观察分析。如整个通信过程正常,则表示通信正常,规约测试通过;如不正常,则需要双方厂家协定修改规约程序最终达到正常通信。

②数据性试验。根据接口信息点表进行测试,检验通信规约对于遥信、遥测及其他的数据解释是否正确,电梯、扶梯的各种运行信息是否能在调度员操作界面上显示正常。

3. BAS 系统与风水电专业系统联调

(1) 测试目的

确保各种风水电设备能正确的将信息上传至 BAS 控制柜(箱),需要控制的设备能在

BAS 系统发出指令后正确动作。

(2) 测试内容

用万用表测试从 BAS 控制柜(箱)至风水电专业控制箱的电气回路是否正确;控制回路闭合后,用万用表在风水电专业控制箱的电气回路触电测试电压是否为 AC220 V,相关设备是否正确动作;控制回路闭合后,用万用表测试返信回路电压是否为 DC24 V,ISCS 的人机界面上能否显示为正确或故障状态。

10.2.5　通信系统联调

1. 传输系统与 CCTV 系统联调

(1) 测试目的

测试通信传输系统为通信闭路电视监视系统提供传输共享 500 M 通道的稳定性。

(2)测试内容

①通过传输通道将各车站、变电所、车辆段、停车场的图像上传至中心。

②通过传输通道将闭路电视监视系统图像由控制中心上传至 OCC 调度大厅。

③通过传输通道将闭路电视监视系统图像由 OCC、LCC 上传至 TCC。

④闭路电视监视系统通过传输通道进行网管和实时图像控制。

2. 传输系统与电话系统联调

(1) 测试目的

通信传输系统为通信电话系统提供中继通道,实现电话交换机系统与通信传输系统的连通,保证电话交换机系统与通信传输系统的联网。

(2) 测试内容

①实现控制中心、临时(备用)控制中心与各站点之间的网管相连,从而保证控制中心、临时(备用)控制中心对各站点的网络维护。

②实现专用电话交换机系统与专用通信传输系统的连通,保证专用电话交换机系统与专用通信传输系统的联网调试。

③实现控制中心、临时(备用)控制中心与各站点之间的录音调用终端相连,从而保证控制中心、临时(备用)控制中心对各站点的录音管理。

3. 传输系统与广播系统联调

(1) 测试目的

通信传输系统为通信广播系统提供中继通道,实现广播系统与通信传输系统的连通。

(2) 测试内容

①实现广播系统与通信传输系统的连通。

②实现从传输系统向广播系统双向收发信息。

4. 传输系统与时钟系统联调

(1) 测试目的

通信传输系统为时钟系统提供中继通道,实现时钟系统与通信传输系统的连通。

(2) 测试内容

①实现时钟系统与专用通信传输系统的连通,保证时钟系统的内部联调。

②实现时钟系统与专用通信传输系统的连通,保证时钟系统的标准时间信号的传送。

③实现时钟系统从专用通信传输系统提取 BITS 时间信号。

5. 传输系统与网络管理系统联调

(1) 测试目的

通信传输系统为通信网络管理系统提供传输系统告警信息，通信网络管理系统为专用通信传输系统提供标准时间信号。

(2) 测试内容

网管到上层网管单向上报，主动上报告警信息给上层网管系统。

6. 传输系统与 AFC 系统联调

(1) 测试目的

通信传输系统为 AFC 系统提供传输通道的稳定性。

(2) 测试内容

①传输业务数据及时钟同步信号。

②以临时备用控制中心为数据中心，车站与临时备用控制中心数据为双向，车站间无数据流。

③以 TCC 的 AFC 交换机为数据中心，TCC 与临时备用控制中心的数据流向为双向。

④以临时备用控制中心(LCC)的 AFC 交换机为中心，临时备用控制中心(LCC)与第二中心数据流向为双向。

7. 传输系统与电源系统联调

(1) 测试目的

通信电源是通信系统的心脏，为了启动及调试通信 UPS 电源设备，需要电源整合专业提供 DC220 V 及动照专业提供 AC380 V 稳定的正式电源。通信电源系统与电源整合专业联调的目的就是为了确保电源整合专业提供的 DC220 V 的电压、电流是否满足 UPS 设备输入的参数要求。

(2) 测试内容

①被监控站的电源系统串口上网器的以太网口与通信传输系统提供的以太网接口相连接，把被监控站的信息传送到监控中心。

②电源系统串口上网器与通信传输系统提供的以太网接口相连接，监控中心与被监控的站点之间的数据传输流向为双向。

③通过专用电源系统监控设备接口对专用传输系统电源设备进行监控。

④专用通信电源系统串口上网器与通信传输系统电源设备接口相连接进行双向通信。

8. 传输系统与电能质量管理系统联调

(1) 测试目的

为控制中心、临时(备用)控制中心、车站、区间所 PQSS 系统提 10 M 传输通道，实现数据传输。

(2) 测试内容

测试传输通道的稳定性。

9. 网络管理系统与时钟系统联调

(1) 测试目的

通信网络管理系统为通信时钟系统提供集中告警处理。

(2) 测试内容

①时钟系统的告警信息流向网络管理系统，网络管理系统定时地向时钟系统发送握手信

息,以此来检查网络是否正常。

②通信时钟系统为专用通信网络管理系统提供NTP校时信号。

10. 网络管理系统与广播系统联调

(1) 测试目的

通信广播系统为网络管理系统提供故障信息,接收网络管理系统的时间信息。

(2) 测试内容

从广播系统向网络管理系统发送故障信息,网络管理系统向广播系统发送时钟信息。

11. 网络管理系统与CCTV系统联调

(1) 测试目的

通信闭路电视监视系统为网络管理系统提供故障信息,接收网络管理系统的时间信息。

(2) 测试内容

从闭路电视监视系统向网络管理系统发送故障信息,网络管理系统向闭路电视监视系统发送时钟信息。

12. 网络管理系统与电话系统联调

(1) 测试目的

网络管理系统为电话系统提供集中告警处理,网络管理系统为电话系统提供时钟校准接口。

(2) 测试内容

电话系统的告警信息流向网络管理系统,网络管理系统定时地向电话系统发送握手信息,以此来检查网络是否正常。

13. 网络管理系统与无线系统联调

(1) 测试目的

网络管理系统通过专用通信无线系统提供上报信息实现无线告警功能。

(2) 测试内容

通信无线通信系统的告警信息流向网络管理系统,通信网络管理系统定时地向通信无线通信系统发送握手信息及告警回执,以此来检查网络是否正常。

14. 网络管理系统与电源系统联调

(1) 测试目的

通信电源系统为网络管理系统提供故障信息,接收网络管理系统的时间信息。

(2) 测试内容

从电源系统向网络管理系统发送故障信息,网络管理系统向电源及接地系统发送时钟信息。

15. 公务电话系统与专用电话系统联调

(1) 测试目的

专用电话系统为公务电话系统提供录音接口;车站中控室为专用电话备用的公务电话、公务传真电话录音。

(2) 测试内容

实现公务电话交换机系统与专用电话交换机系统的连通,保证公务电话交换机系统与专用电话交换机系统的联网调试。

16. 电话系统与广播系统联调

(1) 测试目的

通信广播系统为通信电话系统提供广播音频接口。

(2) 测试内容

①公务电话系统向广播系统传送音频信息。

②采用干节点控制广播接口的开、关干节点闭合启用广播。

17. 无线系统与公务电话系统联调

(1) 测试目的

通过与公务电话的接口实现手持电台的电话功能。

(2) 测试内容

数据双向传输从专用通信无线通信系统集群交换机传送至专用通信公务电话系统设备，从专用通信公务电话系统设备传送至专用通信无线通信系统集群交换机。

18. 无线系统与广播系统联调

(1) 测试目的

实现无线手持台广播。

(2) 测试内容

①握手消息，广播系统发送，无线系统接收并回复“握手回复消息”。

②握手回复，无线发送，广播系统接收。

③广播开始，无线发送，广播系统接收，接收成功回复广播开始确认消息。

④广播开始确认消息，广播系统发送，无线系统接收。

⑤广播结束，无线发送，广播系统接收，接收成功回复广播结束确认消息。

⑥无线广播开始后，无线系统定时发送校验码。

10.2.6　SCADA 系统联调

SCADA 与变电所设备联调测试情况如下：

(1) 测试目的

确保变电所内所有设备能将设备自身的信息正确上传至本站所在的 PSCADA 系统并且显示在 PSCADA 的人机界面上，变电所内所有设备能在 PACADA 发出指令后正确动作。

(2) 测试内容

①通信过程试验，根据变电所各个设备厂家提供的通信协议对收发报文进行观察分析。如整个通信过程正常，则表示通信正常，规约测试通过；如不正常，则需要双方厂家协定修改规约程序最终达到正常通信。

②数据性试验，挑选特殊点进行测试，检验通信规约对于遥信、遥测及其他的数据解释是否正确，各个设备的信息最终能否反馈到控制信号盘的一体机上，通过对控制信号盘的操作能否对开关柜进行正确的分闸、合闸动作。

10.2.7　PIS 系统联调

1. PIS 系统与 FAS 系统联调

(1) 测试目的

测试 FAS 报警时，PIS 系统终端设备能显示报警信息。

(2) 测试内容

①当车站出现火灾等灾情时，FAS 向 PIS 提供确认的火灾分区报警信号。

②PIS 接收到 FAS 提供的分区报警信号后，在相应分区或整个车站的显示终端上发布预

设的报警信息或车站编辑的临时报警信息。

2. PIS与通信传输子系统联调

(1) 测试目的

为PIS提供共享传输通道,PIS专用300 M,调试的目的就是为了检测通信传输系统的网络的连通性。

(2) 测试内容

①测试传输系统提供的300 Mbp通道的连通性。

②通过传输通道,测试PIS系统的网管功能。

③通过光纤网络,PIS系统实现中心向各站的信号传输。

3. PIS与通信广播子系统联调

(1) 测试目的

检测通过广播系统提供的信号旅客信息系统能够调节终端显示设备声音的功能。

(2) 测试内容

①当广播系统播音时,广播系统将向PIS系统发出播音信号;PIS系统接收到广播系统提供的信号后,自动关闭掉终端设备播放声音。

②当播音结束,广播系统向PIS系统发出播音完毕的信号,PIS系统恢复终端设备的正常声音。

4. PIS与通信时钟子系统联调

(1) 测试目的

检测时钟系统为PIS系统提供统一时间信息的正确性。

(2) 测试内容

①时钟系统每分钟发送精确的时钟信息到PIS系统,PIS系统根据时钟信息同步本系统内时钟。

②根据时钟系统提供的时间信息,PIS系统在PDP、LED、LCD上显示时间信息。

5. PIS与综合监控系统联调

详见综合监控与PIS系统联调。

6. PIS与车载多媒体(地面设备)系统联调

(1) 测试目的

检测与车载多媒体(地面设备)系统接口的电气性能、测试协议。

(2) 测试内容

①为车载多媒体(地面设备)系统提供的一路标清视音频信号的接口协议测试。

②为车载多媒体(地面设备)系统提供的航班信息原始数据的接口协议测试。

7. PIS与ATS系统联调

(1) 测试目的

将实时ATS信息发送至PIS系统相应显示终端并在显示终端显示列车的到站信息。

(2) 测试内容

①ATS向PIS系统单向发送数据:下两列车到站时间(绝对时间)、下两列车目的地、下两列车下一站、列车进站、列车跳停、列车退出服务信息、列车进段和出段信号、上下行方向首末班车信息。

②PIS系统接收信号系统发送的ATS信息,并将实时ATS信息发送至PIS系统相应显示终端进行显示。

10.2.8 PSD 系统联调

1. PSD 系统与综合监控系统联调

(1) 测试目的

确保紧急情况时，IBP 盘能对 PSD 系统进行紧急打开控制；确保综合监控专业对 PSD 系统运行状态的监控。

(2) 测试内容

①检测与综合监控专业的接口协议、电气性能。

②检测 IBP 盘能对 PSD 系统进行紧急打开控制。

③检测提供的状态信息能否满足监控需要。

2. PSD 系统与信号系统联调

(1) 测试目的

确保信号系统的 ATP 对 PSD 的安全监督；同时 PSD 与车门的同步开/关控制.

(2) 测试内容

①当列车进入站台停车、满足定点停车精度要求后，车载 ATP 设备发出停准停稳信息，解除对列车门的锁闭，允许 ATO 设备按指令执行开/关车门的操作，同时向站台屏蔽(安全)门系统发送开/关站台屏蔽(安全)门信息。站台屏蔽门控制系统也相应地发回门开/关状态信息，只有信号系统连续不间断地接收到站台屏蔽(安全)门关闭信息并被锁闭，才能允许车进入站台区域或从站台区域发。

②当站台屏蔽(安全)门在“故障开门”状态，列车应可以采用一种特定的方式进/出站。

③站台屏蔽门被信号系统锁闭后，门控系统不能用正常单独操作方式打开，但屏蔽门专业可以通过特定命令解除站台屏蔽(安全)门与信号系统的联锁关系，然后完成开门操作。

10.2.9 综合监控系统联调

1. 综合监控系统与 SCADA 系统联调

(1) 测试目的

PSCADA 与 ISCS 集成。ISCS 系统通过网络把各变电所自动化系统集成起来，完成中心、车站监控功能。ISCS 系统与各变电所综合自动化系统共同构成全线完整的电力监控系统，完成对全线开闭所、牵引降压混合变电所和降压变电所内的 10 kV 开关柜、750 V 开关柜、400 V 开关柜、牵引变压器、配电变压器、交直流电源屏等供电设备的实时监控管理，指挥供电设施的检修调度及事故情况下的抢修调度工作，保证全线的安全可靠供电。

(2) 测试内容

①通信过程试验。根据电源整合专业提供的通信协议对收发报文进行观察分析。如整个通信过程正常，则表示通信正常，规约测试通过；如不正常，则需要双方厂家协定修改规约程序最终达到正常通信。

②数据性试验。根据接口信息点表进行测试，检验通信规约对于遥信、遥测及其他的数据解释是否正确，综合监控系统能否正确接收时钟的准确时间信息。

2. 综合监控系统与 BAS 系统联调

(1) 测试目的

BAS 与 ISCS 集成。BAS 负责全线正常、阻塞、火灾工况下的机电设备(如通风空调系统、冷水系统、给排水系统、照明系统、扶梯系统等设备)的运行状态监视和控制管理。进行程序自动、实时、定时、现场就地监视设备运行状态、控制开启和关停、监测环境参数,调控环境舒适度及节能管理,采集、处理相关信息,确保设备处于安全、可靠、高效、节能的最佳运行状态。

(2) 测试内容

①通信过程试验。根据电源整合专业提供的通信协议对收发报文进行观察分析。如整个通信过程正常,则表示通信正常,规约测试通过;如不正常,则需要双方厂家协定修改规约程序最终达到正常通信。

②数据性试验。根据接口信息点表进行测试,检验通信规约对于遥信、遥测及其他的数据解释是否正确,综合监控系统能否正确接收时钟的准确时间信息。

3. 综合监控系统与ACS系统联调

(1) 测试目的

ACS与ISCS互联。ACS用于对轨道交通内外的出入通道进行智能化控制管理,采用分布式控制和集中监控管理的运行方式。ACS实行二级管理三级控制功能,实行中心级、车站级两级管理,实行中心级、车站级、现场级三级控制方式。中心级主要负责ACS的日常设备运行管理、设备运行统计、故障报警统计、门禁卡的授权管理、设备控制参数及安全参数管理、系统数据管理等。车站级主要负责设备监视、故障报警、设备控制功能、车站及限制区域设置等。现场级主要负责紧急情况下的控制。

(2) 测试内容

①通信过程试验。根据电源整合专业提供的通信协议对收发报文进行观察分析。如整个通信过程正常,则表示通信正常,规约测试通过;如不正常,则需要双方厂家协定修改规约程序最终达到正常通信。

②数据性试验。根据接口信息点表进行测试,检验通信规约对于遥信、遥测及其他的数据解释是否正确,综合监控系统能否正确接收时钟的准确时间信息。

4. 综合监控系统与传输系统联调

(1) 测试目的

确保传输系统能为ISCS提供稳定的100 M网络通道使所有各站ISCS系统能构成光纤双以太环网。

(2) 测试内容

检查线缆连接的正确性,通电后在本站向远端站在不间断24 h内发送报文,检查远端站接收报文的正确率是否满足正确性≥99.99%。

5. 综合监控系统与PSD系统联调

(1) 测试目的

确保PSD系统的各种设备信息能正确上传至综合监控系统并显示在人机界面上,在紧急情况下能通过IBP盘上的紧急按钮控制PSD在两侧站台屏蔽门的开启和关闭动作。

(2) 测试内容

①通信过程试验。根据PSD专业提供的通信协议对收发报文进行观察分析。如整个通信过程正常,则表示通信正常,规约测试通过;如不正常,则需要双方厂家协定修改规约程序最终达到正常通信。

②数据性试验。根据接口信息点表进行测试,检验通信规约对于遥信、遥测及其他的数据

解释是否正确,屏蔽门各个门的状态信息是否能在调度员操作界面上显示正常,接口协议上需要控制的设备点能否正确动作。

用万用表测试从 IBP 盘至 PSD 的电气回路是否正确;控制回路闭合后,站台两边屏蔽门是否全部打开;在屏蔽门动作后,用万用表测试返信回路电压是否为 DC24 V,IBP 盘上的指示灯能否显示为正确或故障状态。

6. 综合监控系统与 AFC 系统联调

(1) 测试目的

确保自动售检票专业在综合监控系统的 IBP 盘上的闸机紧急释放按钮按下后,站内闸机能全部释放并将反馈信息显示在人机界面上。

(2) 测试内容

用万用表测试从 IBP 盘至闸机的电气回路是否正确;控制回路闭合后,所有闸机是否全部释放;在闸机动作后,用万用表测试返信回路电压是否为 DC24 V,IBP 盘上的指示灯能否显示为正确或故障状态。

7. 综合监控系统与通信时钟子系统联调

(1) 测试目的

确保时钟专业能为综合监控系统提供精确的时间资源。

(2) 测试内容

①通信过程试验。根据 CLK 专业提供的通信协议对收发报文进行观察分析。如整个通信过程正常,则表示通信正常,规约测试通过;如不正常,则需要双方厂家协定修改规约程序最终达到正常通信。

②数据性试验。根据接口信息点表进行测试,检验通信规约对于遥信、遥测及其他的数据解释是否正确,综合监控系统能否正确接收时钟的准确时间信息。

8. 综合监控系统与 FAS 系统联调

(1) 测试目的

FAS 与 ISCS 互联。FAS 对车站、车辆段/停车场、电缆通道等建筑设施的火警安全进行可靠监视管理,具有火灾探测和监视功能,并能在火灾时发出模式指令,使相关 BAS 运行转入火灾模式,实现消防互联。

(2) 测试内容

①通信过程试验。根据 FAS 专业提供的通信协议对收发报文进行观察分析。如整个通信过程正常,则表示通信正常,规约测试通过;如不正常,则需要双方厂家协定修改规约程序最终达到正常通信。

②数据性试验。根据接口信息点表进行测试,检验通信规约对于遥信、遥测及其他的数据解释是否正确,FAS 各个设备的信息是否能在调度员操作界面上显示正常,接口协议上需要控制的设备点能否正确动作。

9. 综合监控系统与 CCTV 系统联调

(1) 测试目的

CCTV 与 ISCS 操作界面集成。根据轨道交通运营、管理特点,轨道交通 CCTV 从使用上满足中心总调度员操作工作站、中心行车调度员操作工作站、中心环境调度员操作工作站、中心供电调度员操作工作站和车站值班站长操作工作站等对相应的管辖区域进行监视。其中站厅区的监视目的主要是自动售检票进出口闸机以及上下站台的自动扶梯的乘客流向;站台监视区的监视目的主要是乘客上下列车及安全门开、关的情况,其功能主要为中心级监控功能和车站级监控功能。

(2) 测试内容

①综合监控实现视频控制。

②中心调度员可监视全线各车站,可对车站任意图像进行调用、观看,并可对监视器画面进行一画面或四画面切换。

③车站调度可监视本车站,可对本车站任意图像进行调用、观看,并可对监视器画面进行一画面或四画面切换。

④实现站台两端监视器的画面合成(通过画面合成器对站台图像进行四画面合成)。

⑤实现对云台的控制处理能力(根据预先设定优先级判断控制,并对占用情况进行显示)。

⑥实现对摄像头电源的分时分区控制功能及远程电源控制功能。

10.综合监控系统与PA系统联调

(1) 测试目的

PA与ISCS操作界面集成。轨道交通有线PA由车站广播、车辆段广播这两个相互独立的子系统组成,主要用于轨道交通运营时对乘客进行公告信息广播,并在发生灾害时兼做防灾广播,从而保证轨道交通运营的服务管理质量,为运营管理及维护人员提供更灵活、快捷的管理手段,各车站作为一个独立的区域广播,而中心能够对每个车站进行播音。

(2) 测试内容

①综合监控实现对广播的控制。

②实现中心、车站广播功能。

③中心可对全线车站广播、任意一个车站广播、任意车站的任一个选区或多个选区广播。

④车站可对本车站的任一个选区或多个选区广播。

11.综合监控系统与PIS系统联调

(1) 测试目的

PIS与ISCS互联,PIS在各个不同的车站上显示图文,显示的主要内容包括视音频信息、文本信息、时间信息、实时列车运营信息及相关的叠加组合信息等;信源格式主要有电视信号视音频信息,MPEG-2、4信号,计算机网络信号,文本信息等;可实现视频、音频、文本、媒体等文件的编辑、播放、存储功能。

(2) 测试内容

①ISCS系统能监视PIS系统的运行状态,并在车站控制室和全线控制中心的显示终端进行显示。

②ISCS系统对PIS系统可实施故障查询和历史记录。

③每隔一定时间,ISCS对PIS与之间的通道进行检测。

12.综合监控系统与ATS系统联调

(1) 测试目的

ATS与ISCS互联。ATS通过本地ATS收集和传输现场信息,现场数据包括信号设备状态、列车的信息和状态(识别号、位置及列车状态)。OCC接收到这些信息后,经处理显示给OCC操作员,OCC操作员据此向ATS发布命令,或给列车分配新的任务。ATS负责监视整个 SIG 和列车运行数据，管理并监督列车运行调整算法，如保证按时刻表和行车间隔运行的算法，以及对交通需求和延迟造成时刻表变动的处理功能。

(2) 测试内容

①后备模式下区间轨道(由信号设计列出)占用时间超过 210 秒，按计轴为单位送出超时信息；CBTC 模式下列车在区间轨道停车超过 210 秒后，按计轴为单位送出阻塞信息。轨道、道岔占用状态、信号机状态、锁闭信息、道岔状态、列车信息(列车 ID、位置、列车状态)；ATS 设备故障状态、列车时刻表(实际与计划时刻表)、列车的实际到站时刻和离站时刻。

②回应 ISCS 对 ATS 与 ISCS 之间的通道进行检测。

③实现车站控制室对本站 ATC 设备的紧急控制功能。

13. 综合监控系统与电源整合系统联调

(1) 测试目的

确保电源整合专业设备信息及每块电池的信息能正确上传至综合监控系统并显示在人机界面上。

(2) 测试内容

①通信过程试验。根据电源整合专业提供的通信协议对收发报文进行观察分析。如整个通信过程正常，则表示通信正常，规约测试通过；如不正常，则需要双方厂家协定修改规约程序最终达到正常通信

②数据性试验。根据接口信息点表进行测试，检验通信规约对于遥信、遥测及其他的数据解释是否正确，综合监控系统能否正确接收时钟的准确时间信息。

10.2.10 综合联调及售后

设备综合联调包括：关联系统调试——总联调(含行车相关系统调试、运营相关系统调试)——全线大联调。全线综合联调管理及服务的管理工作从轨行区开始移交直至试运营开始，并将调度权限移交运营公司，包含冷热滑试验阶段(含限界检查)、系统综合联调阶段、试运行阶段、配合相关政府部门验收等相关工作。具体包括以下工作：

(1)在“三权移交”后，负责正线轨行区的管理、调试和服务工作。

(2)负责车场(车辆段)“三权移交”后的管理(含车辆段轨行区)、调试及服务工作。

(3)负责变电所移交后的运行值班管理、组织调试及服务工作。

(4)负责车辆(含内燃机车和大型车场设备)到场后的安全保卫、看护、清洁及管理。

(5)负责组织、协调完成工程范围内调试列车的冷、热滑工作。

(6)负责提供联合调试期间所需的安全保卫；调试计划和方案的编制；协调专业间接口缺陷处理；负责行车调度、电力调度、环控调度、车场调度、站控操作、列车驾驶；提供调试期间后勤保障；负责调试期间车站保洁、隧道冲洗、限界检查；负责动车调试、联合调试、车辆的看护、清洁及管理；负责联合调试期间的培训组织等工作；负责调试期间的安全管理等服务工作。联合调试承包商是联合调试管理的总负责单位，并在联合调试期间承担安全管理主体责任。

(7)负责将调度权、管理权、控制权移交招标方。

(8)负责编写并提供联合调试报告和组织各专业承包商提供各系统的测试报告。

(9)负责联合调试期间，所有专运任务的组织保障工作。

(10)负责联合调试期间，各种典型救援演练的配合工作。

系统 144 小时连续系统运行试验阶段指试运行结束前 6 天至试运行结束之间的时间阶

段，采用规定标准进行检验。通过该段时间内各相关系统协同工作，且不间断的运转，检验验证设备系统能够达到试运行合格所应满足的各项要求。

进行144小时连续试验，对设备系统性能和功能按照工程开通初期列车运行最小间隔、车站人流状况进行连续检验、考核。

在144小时连续系统试验期间，设备系统必须达到空载试运行所规定的各种性能指标。如果144小时未能通过，需要进行必要的整改后重新进行144小时试验。

系统集成商作为144小时试验阶段的责任主体，需要统筹协调各个系统的综合联调情况，并作好相应的设备值守保障工作和故障应急预案，确保144小时试验的顺利通过。对144小时试验中发现的问题，进行系统性的研究，找到故障问题的根源并彻底解决，使整个设备系统的达到最佳的匹配状态。

质保期一般为试运营开始后2年，依合同情况而定。

(1)在质量保证期内，项目主要管理和技术人员仍在所设办公地点，继续对所有安装和提供的系统软硬件、设备材料负责，并保证系统所有功能、标准、接口等都满足设计的要求。其中，主要人员至少包括项目经理、各系统的系统负责人、系统总工程师。质量保证期内，项目总负责人和相关系统负责人、总工程师在接到业主的通知后，保证在3个小时内到达业主通知地点。

(2)在质量保证期内，协助业主对各系统维护和管理，负责维修、更换零部件。

(3)在质量保证期内工程、设备材料、系统软硬件出现质量问题，免费负责保修保换，如出现提供的安装工程、设备材料、系统软硬件有缺陷或不符合合同规定时，无偿更换和维修，并承担由此而产生的各项风险和费用。

第 11 章　施 工 管 理

11.1　物 资 管 理

11.1.1　物资采购流程

物资采购的流程图如图 11-1 所示。

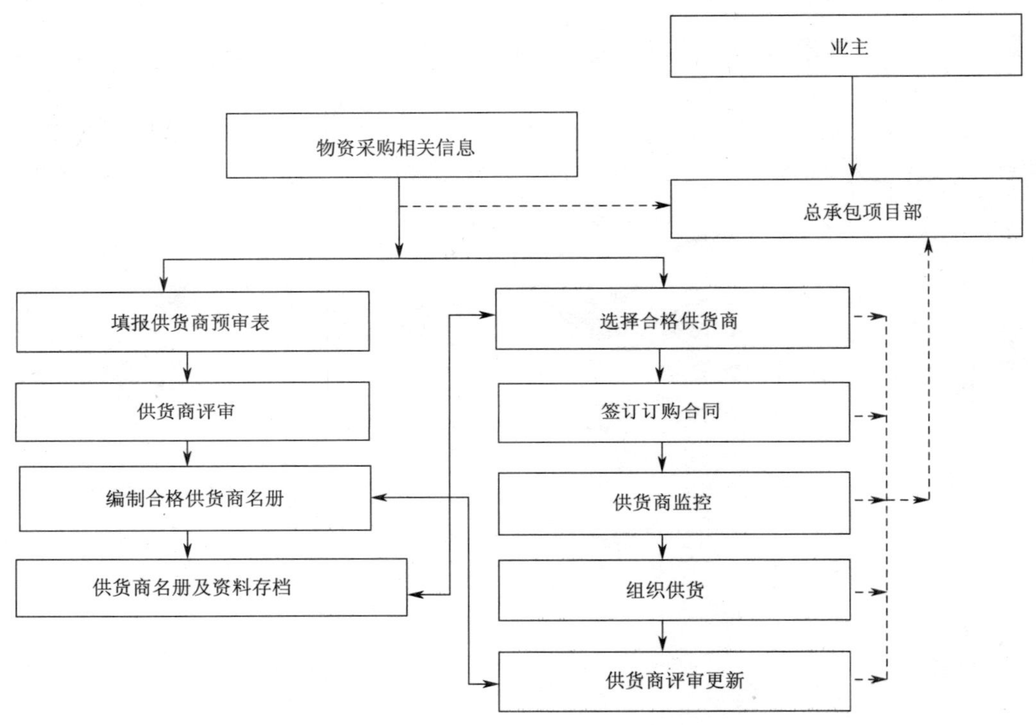

图 11-1　物资采购流程图

11.1.2　供货商的选择

为了保证系统工程的质量，在选择设备、材料供应商时，要充分理解招标文件的要求，优先选择在轨道交通或类似项目有供货业绩的供应商。

可组建相关专业的专家组成设备采购专家小组，对通过资格审查的厂家重新进行评审、提供比选建议，做到择优选择。

供货商选择的总体原则如下：

(1)有企业法人营业执照、生产许可证等能保证生产合法性的相关证明文件资料。

(2)业绩突出，有国家重点工程供货业绩，特别是城市轨道交通方面的供货业绩，并获得良好评价。

(3)生产能力强，供货及时，能保证工期结点的要求检测手段齐全，有技术优势，管理水平高，通过 ISO 9 000 质量管理体系认证。

(4)价格合理,信誉良好,售后服务体系健全。

(5)产品的规格、性能及技术参数与设计方案相吻合,其各项技术性能指标能与预期使用环境及系统总体性能相适应。

(6)产品成熟,已通过国家或国际认可的检测部门的鉴定及检测合格,且有检验报告和型式试验报告等。

(7)产品的制作工艺精细。其操作、使用、维护和检修方便易行,备品、备件的供应有可靠保障。

(8)产品使用条件和保障需求符合节能和环保要求,符合国家的有关产业政策。

11.1.3 采购资料

系统集成方根据施工图纸、定测资料和施工进度,编制物资需用计划,提交物资机械部。物资部门根据需用计划,编制物资申请(采购)计划,报集成项目经理审批后生效。物资申请(采购)计划的主要内容有:编制的依据,物资的使用项目或地点、物资名称、规格、材质、计量单位、数量、供货时间、到站、收货人等,必要时要注明图号及有关技术、制造标准等。

11.1.4 采购的实施

由系统集成方提供的各种安装材料及器材,在采购前要提供样品做抽样试验,供驻地监理工程师、业主工程师和设计工程师确认,经批准后,方可进行采购。

(1)采购合同使用有关部门规定的统一格式,并明确质量要求和检验方法等,合同必须符合《经济合同法》的要求。

(2)在采购合同执行过程中,随时掌握执行情况,并做好采购合同执行情况记录。

(3)采购合同变更时,及时通知相应的供货商,并做好变更记录。

11.1.5 到货检验

1. 验证工作流程

采购工程中主要设备的采购验证流程如图 11-2 所示。

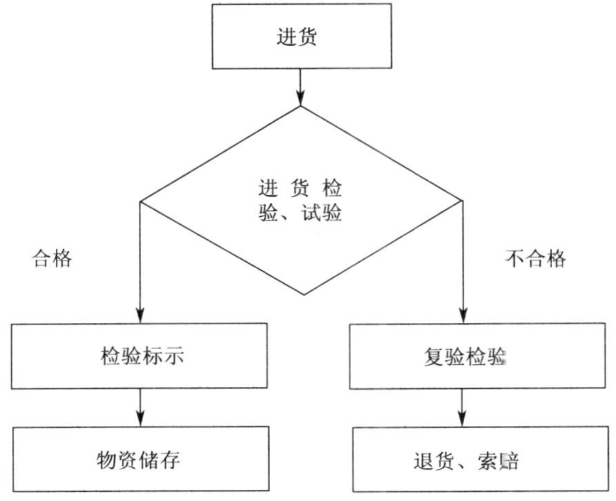

图 11-2　采购验证流程图

2. 到货检查

供货商提供的所有设备、材料及技术文件运抵规定的交货地点后，系统集成方将与业主和监理工程师共同对其进行检查，并认真做好交接记录。

检查的内容主要包括：

(1)除另有规定，供货方需对所有设备进行恰当而有效的包装和运送，使设备受到有效的保护，使之不受潮湿、剥蚀、变形等各种形式的损坏，并且保证所提供货物无裸装情况。

(2 在设计联络阶段根据不同货物进入施工场地或机房的因素，确定其包装尺寸并在所有设备的包装物上均按行业规定进行外包装标识。

(3)确定设备外观良好，运输途中未受损伤；

(4)编号、数量、名称及规格与合同要求的货物清单核实无误。

3. 开箱检查

物资完成到货检查后，系统集成方需与业主、监理工程师一起进行开箱检查，并填写开箱检查报告。

开箱检查的主要内容如下：

(1)在每台合同设备上，应用铭牌标明生产厂家、生产日期、产品系列号。标准产品和材料按行业规定进行标识。

(2)备品备件与专用工具装在箱内运送，且与设备分别包装，同时需注明“备品备件”、“附件”、“专用工具”的字样。这些箱子必须适合储存，使它们在整个储存年限内不会损坏，储存年限要在包装物上说明。

(3)开箱检查中，如发现任何损坏、缺陷、短少或不符合合同中规定的质量标准、规范和供货范围时，由供货方承担全部责任并立即采取技术、经济和进度控制措施，确保工程进度不被拖延。

11.1.6 贮存及保管

1. 物资入库

(1)根据物资的性能提供安全、适用的库房、料棚和存料场所。

(2)管库员对入库的物资，必须核对其数量及检验标识。当数量与检验标识无误后，按照物资贮存的规定，做好入库物资的实物标识和记录标识。

2. 物资的保管、保养

(1)对库存物资要按照合理、定量、安全牢固、整齐、节约的要求进行堆码。

(2)对库存物资执行循环自点和定期检查制度。

(3)管库员对库存物资要按照 TB/T 2631-1995《铁路物资仓库技术管理规定》进行日常保管保养，做到库存物资账、卡、物相符。

(4)做好入库物资的防火、防盗等工作，配备必要的消防器材并能正确使用。

11.1.7 物资的发放

(1)领料、预配流程如图 11-3 所示。

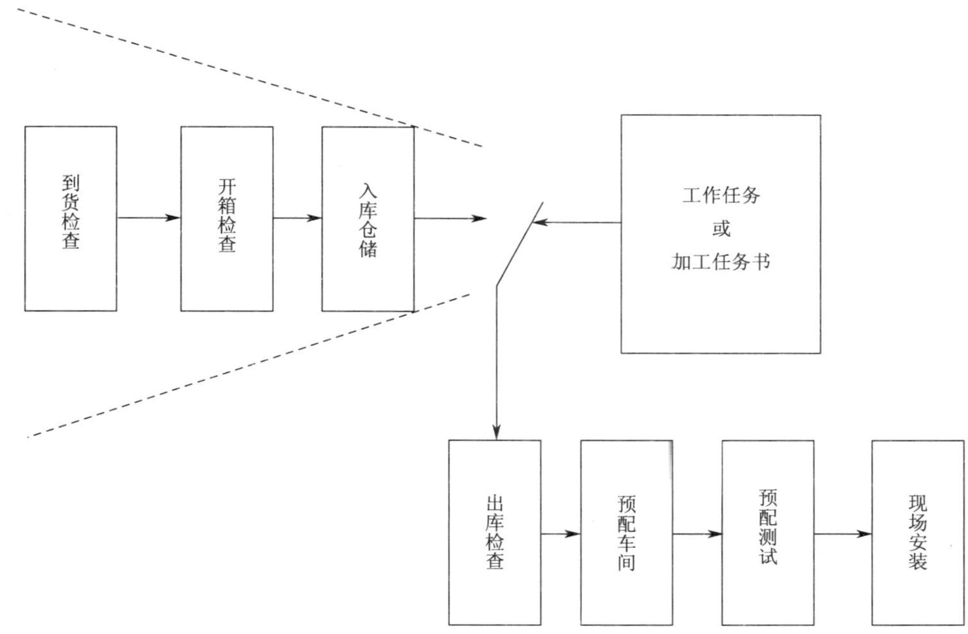

图 11-3　领料、预配流程图

(2)预配、测试的材料或设备，向业主方和监理工程师提交厂方提供的产品质量证明文件或系统集成方测试等有关资料，经其确认后，方可运至现场安装使用。

(3)物资发放过程中，管库员必须坚持“三检查”，即检查发料凭证是否正确无误，检查发出物资的编码、品名、规格、数量是否相符，检查附技术证件和有关凭证是否齐全；“三核对”，即发料凭证与账卡核对、发料凭证与发出实物核对、结存实物与账卡核对制度。

(4)物资出库前必须经过复验。未经复验或经检验不合格的物资，禁止投入使用。

(5)系统集成方将派遣质量工程师根据工作需要和工程施工具体情况对各项材料抽样试验。

11.2　施工接口协调

城市轨道交通系统集成管理工作需要与工程各方打交到，现场施工进度督导及与相关接口单位的接口协调工作很关键，直接影响到整个工程的进度及质量目标的实现。

11.2.1　项目施工接口管理概述

在施工的接口管理运作具体过程中需注意以下几点：

(1)单位与单位、专业与专业之间要积极支持与配合，及时协调，达到统一组织、统一指挥、统一管理。

(2)在总体安排上做到四个衔接，即工期衔接、专业衔接、接口衔接和工序衔接。

(3)运作过程中重点抓好三个调整，即工期的调整、项目的调整和工作量的调整。

11.2.2　项目施工接口管理关系图

项目施工接口管理关系如图 11-4 所示。

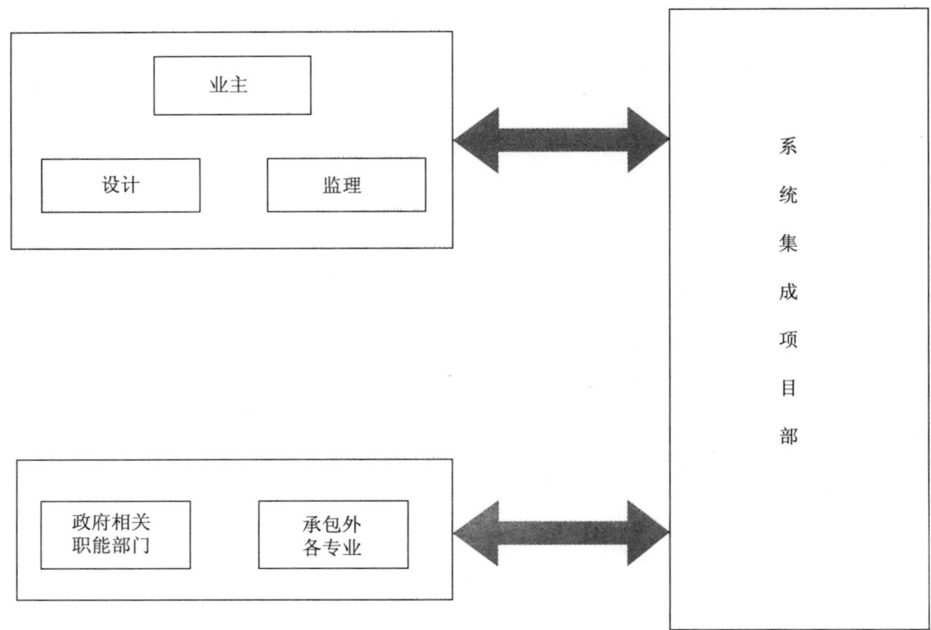

图 11-4 项目施工接口管理关系图

11.2.3 各专业施工接口管理的原则

1. 利益最大的原则

当几个专业或者多个专业在施工中出现“冲突”、需要进行施工协调时，必须遵守工程利益最大的原则，小利益服从大利益，次要工序服从主要工序。

2. 顾全大局的原则

施工中必须要有一个总体的观念，在施工协调上，必须也要有一个顾全大局的观念，每个专业必须服从系统集成项目部的协调。

3. 预防为主的原则

对于经常出现的各专业管线“冲突”情况，在施工前，要对复杂的施工区要仔细研究综合管线图，各专业必须紧跟土建施工安排，做好超前预留、预埋的准备工作，并且和土建单位配合协调，以杜绝一些不必要的损失。

11.2.4 施工协调的方法

1. 计划协调

计划协调是从总体出发，对总体方案、布局、关键工期进行统筹安排，一般的协调要服从计划协调。

2. 会议协调

会议协调是一种经常使用的协调方式，通过会议的形式把在施工过程中的各种矛盾揭示出来，经相关部门的协调、讨论得以解决。系统集成项目部每周组织专业召开各专业协调会，以解决施工中的问题。

3. 函件协调

由于有的供应商离工地比较远，问题比较复杂、重要的事项，可以通过函件、传真、互联网的方式进行沟通协调。有时与第三方协调也采用这种方式。

4.现场协调

在一些紧急的施工问题上,可以通过口头、电话的方式进行协调,并要保持相关记录。

施工配合协调的基本做法:施工配合协调是工程管理的一个重要内容,决定工程是否顺利进行和确保工期的关键因素之一,重点要做好以下几项工作:

协调好对外各方面关系:施工过程中对治安、消防、环保、综合治理提出更高的要求,其中可能涉及公安、消防、环保、城监等行政部门,除了要遵守有关的规章制度外,还要主动协调好对外的关系,调动各方面的积极性,排除干扰,确保工程顺利进行。

以“用户至上”宗旨,协调处理好业主等方面的关系:在严格遵守合同条款的前提下,密切配合业主的工程管理和驻地监理工程师的监理工作,建立一种良好的工作关系,为业主排忧解难,确保工程顺利进行。

统一组织部署,搞好施工协调配合:系统集成项目部将作为指挥协调机构,对工程统一指挥部署,精心策划,及时调整施工计划,搞好专业、工种之间交叉作业的配合,使整个工程施工进度平衡、合理,确保关键工期,达到施工计划总体要求。

从大局出发,从业主的利益出发,与其他施工单位紧密配合,服从业主和监理的统一调配,只要对工程的圆满完成有利,必将主动协调,积极解决问题,为确保工期这一共同目标而努力。

认真贯彻业主、监理单位的统筹施工计划安排,按时参加由业主、监理单位组织的工程例会,并根据会议精神,及时对项目部的人、财、物的配备作好动态调整,以适应工程进度需要。

施工中听从业主、监理单位的管理及调遣,急工程所急,以满足业主的要求。

11.2.5　接口管理的协调措施

(1)成立由行政领导和专业技术人员组成的接口管理领导小组,并指定专业负责相关接口管理的事宜。

(2)制定接口管理的制度,确定接口的位置、明确接口任务和责任,抓好落实。

(3)定期召开协调会议,提前要求各接口管理部门施工中的注意事项,避免返工和不必要的重复劳动,同时对其他专业提出的接口位置和要求也应认真记录,在实际施工中进行技术交流,与人方便也与己方便。

(4)在施工中应了解其他专业的施工状态,在有接口的关键位置通过上级部门参与管理,并向其他专业提出合理化的建议,用书面形式进行表达,对其他专业在工程施工中的要求也要书面记录,做到有据可查,与相关专业共同做好协调与接口管理工作。

(5)制订奖罚措施,责任落实到人,提高工作的积极性。

第 12 章　工程资料管理办法

12.1　资料管理的目的与术语

为了提高工程质量和管理水平，真实、准确地反映工程实施情况和工程质量情况，明确各方责任，需建立建筑工程工程资料。

工程资料验收应与工程验收同步进行，工程资料不符合要求的，不得进行工程竣工验收。

12.1.1 术语

工程资料(building document)

在工程建设过程中形成的各种形式的信息记录，可分为基建文件、监理资料、施工资料和竣工图。

竣工图(as-built drawing)

工程竣工验收后，真实反映建设工程项目施工结果的图样。

组卷(filing)

按照一定原则和方法，将有保存价值的文件分类整理成案卷的过程，称为组卷。

归档(putting into record)

将具有保存价值的资料整理组卷交档案管理部门保存称为归档。

工程档案(building document archive)

在工程建设过程中形成的有保存价值的工程资料。

12.2　工程资料的形成与管理

12.2.1　工程资料的形成

工程资料的形成应符合国家有关的法律、法规、施工质量验收规范和标准，以及工程合同和设计文件等的规定，这是资料形成的基本要求。

12.2.2　工程资料的管理

工程资料的管理应实行各级负责制，相应单位应加强对现场工程资料管理的指导、检查、服务工作，建立和健全工程资料的管理制度，并按有关规定建立档案室，逐步实现档案资料的数字化管理，明确必要的技术人员从事该项管理工作。各级职能部门及施工现场应建立和健全工程资料管理的岗位责任制。工程资料的管理应实行技术负责人负责制，施工现场必须指定专人负责管理工程资料。

施工总包单位应加强对分包单位工程资料的检查、指导，核查分包单位工程资料的真实性、及时性，并负责整理汇总各分包单位编制的工程资料。各分包单位应负责分包范围内工程资料的收集和整理，并对工程资料的真实性、完整性和有效性负责，及时收集和整理提交总包单位。

工程资料应随工程的施工进度按工种、专业归类同步收集、整理，并保证及时、准确、真实、有效、完整，同时应做到内容填写完整真实、书写字迹端正清晰。对工程资料擅自涂改、伪造，随意抽换或损毁、丢失的，应按有关规定予以处罚，情节严重的，应依法追究法律责任。

12.2.3　施工资料

施工资料是施工过程中所形成的全部资料。按其性质可分为：施工管理、施工技术、施工测量、施工物资、施工记录、施工试验、过程验收及工程竣工质量验收资料。

施工技术及管理资料的形成：

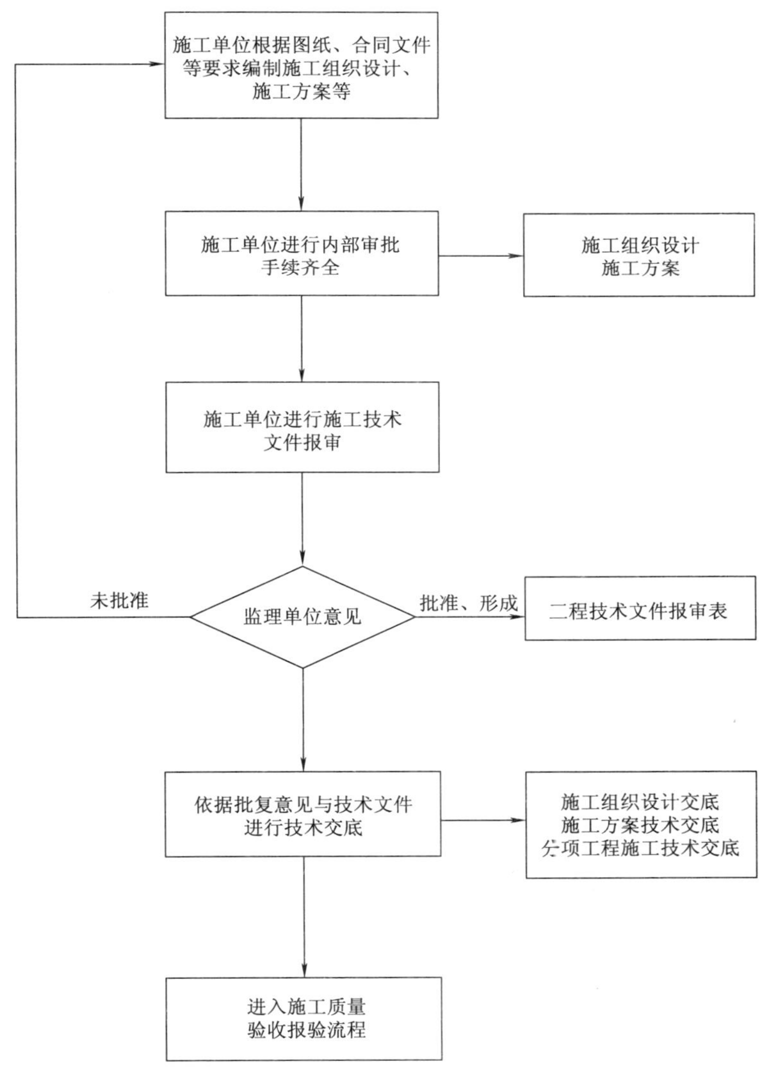

图 12-1　施工技术及管理资料形成的流程图

施工物资及管理资料的形成：

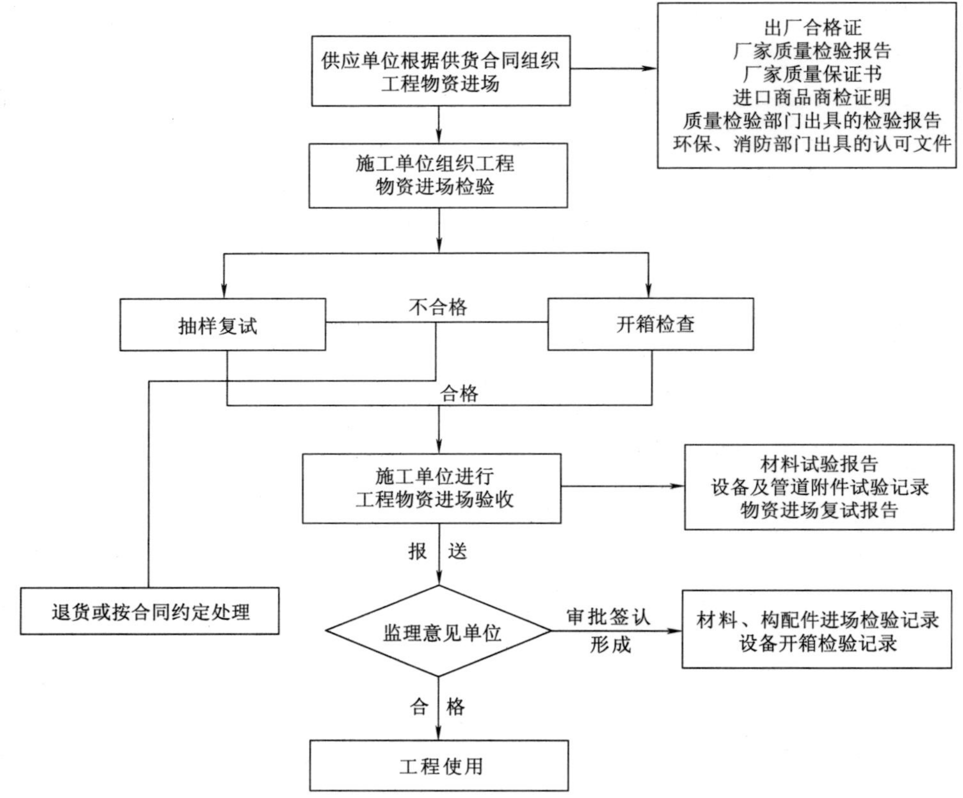

图 12-2　施工物资及管理资料形成的流程图

工程竣工质量验收资料的形成：

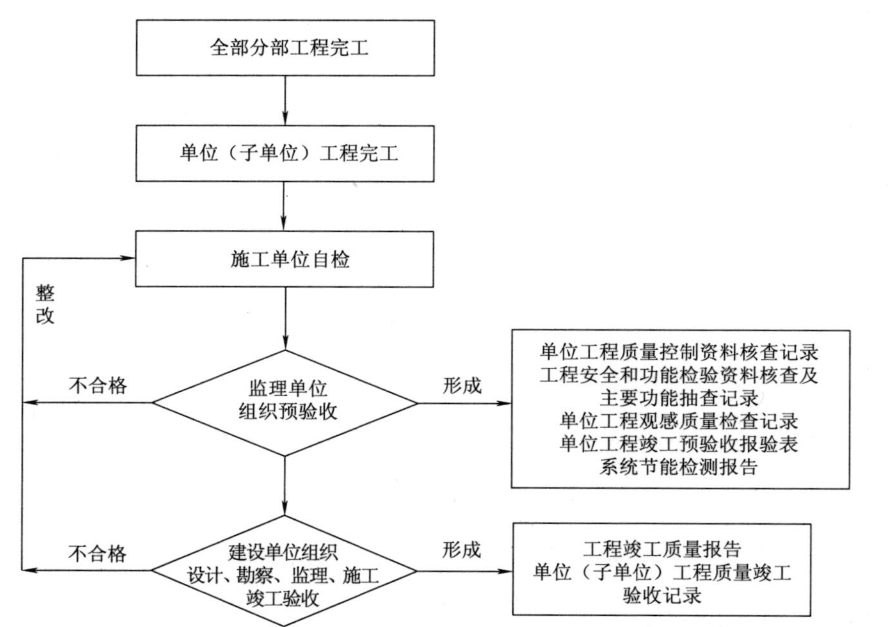

图 12-3　工程竣工质量验收资料形成的流程图

12.3　工程资料的总体要求

资料的收集、整理必须及时，资料来源必须真实、可信，资料填报必须子项齐全，应填子项不得缺漏。

检查验收资料应是在按要求内容进行自检的基础上，根据法定程序经有权单位审核签章后的方为有效资料。

材料、半成品、构配件等以及工程实体的检验，材料必须先试后用，违背此规定需对已用材料、已交(用)的工程实行重新检验，确定是否满足设计要求，否则应视为资料不符合要求。

原材料、半成品和成品的质量必须合格，并应有出厂证明或试验单。合格证、试(检)验单或记录单的抄件(复印件)，应注明原件编号及存放单位、抄件人(复印人)签字、抄件(复印)时间、抄件(复印)单位的签字和盖章。未取得试验资质的企业(指原材料厂家或分包单位)，其材料试(检)验工作，必须委托法定检测单位进行。施工单位必须在原材料合格证和试验报告备注栏内，由该工程的技术负责人批注是否可以使用及允许使用范围，并如实填写材料进场的时间、进场的数量、使用的部位和使用的数量。

国家标准或地方法规规定，实行见证取样的材料、构配件、工程实体检验等均必须实行见证取样、送样并签字及盖章。

12.4　工程工程资料的目录编制

12.4.1　质量控制资料

(1)物资产品合格证、出厂检验报告和进场复验报告。

(2)构件合格证、试验报告。

(3)隐蔽工程验收记录。

(4)质量事故及事故调查处理资料。

12.4.2　技术管理资料

(1)现场质量管理制度。

(2)质量责任制。

(3)主要专业工种操作上岗证书。

(4)分包方资质与分包单位的管理制度。

(5)施工图审查情况。

(6)施工组织设计、施工方案及审批。

(7)施工技术标准。

(8)工程质量检验制度。

(9)现场材料、设备存放与管理。

(10)施工合同。

(11)施工许可证、规划许可证 。

(12)工程开工及竣工报告。

(13)图纸会审、设计变更、洽商记录。

(14)技术交底。

(15)工程定位记录、轴线标高复核记录。

(16)施工记录。

(17)施工日记。

(18)竣工图。

12.5 工程资料的装订

建筑工程工程资料按质量控制资料、技术管理资料和质量验收资料分别汇集立卷装订,并统一采用 310(高)mm×220(宽)mm 的卷盒。

卷内资料按封面(页)、目录、汇总表、原始文件资料、封底顺序排列。封面、封底规格统一为:297(高)mm×210(宽)mm(A4 规格)。

单项原始资料应统一采用 A4 规格纸,如规格大小不一时,应采用粘贴和裁剪或折叠的方式加以处理,确保整齐一致。资料装订统一要求用棉线装订,订结扎在背面,原始资料编号统一要求标注在资料右上角处。

第13章　验收管理

13.1　竣工验收条件

(1)完成工程设计和合同约定的各项内容。各系统性能检验全部完成并且达到了"合同协议书"规定的技术性能要求，同时完成了各系统或其部分性能通过检验后所指定的试运行时起的3个月内的连续正常试运行后。

(2)承包单位在工程完工后对工程质量进行了检查，确认工程质量符合有关法律、法规和工程建设强制性标准，符合设计文件及合同要求，并提出工程竣工报告。工程竣工报告应经项目经理和承包单位有关负责人审核签字。

(3)对于委托监理的工程项目，监理单位对工程进行了质量评估，具有完整的监理资料，并提出工程质量评估报告。工程质量评估报告应经总监理工程师和监理单位有关负责人审核签字。

(4)勘察、设计单位对勘察、设计文件及施工过程中由设计单位签署的设计变更通知书进行了检查，并提出质量检查报告。质量检查报告应经该项目勘察、设计负责人和勘察、设计单位有关负责人审核签字。

(5)有完整的技术档案和施工管理资料。

(6)有工程使用的主要建筑材料、建筑构配件和设备的进场试验报告。

(7)建设单位已按合同约定支付工程款。

(8)有承包单位签署的工程质量保修书。

(9)城乡规划行政主管部门对工程是否符合规划设计要求进行检查，并出具认可文件。

(10)有公安消防、环保等部门出具的认可文件或者准许使用文件。

(11)建设行政主管部门及其委托的工程质量监督机构等有关部门责令整改的问题全部整改完毕。

13.2　建设工程竣工验收程序

(1)工程完工后，承包单位向建设单位提交工程竣工报告，申请工程竣工验收。实行监理的工程，工程竣工报告须经总监理工程师签署意见。

(2)建设单位收到工程竣工报告后，对符合竣工验收要求的工程，组织勘察、设计、施工、监理等单位和其他有关方面的专家组成验收组，制定验收方案。

(3)建设单位应当在工程竣工验收7个工作日前将验收的时间、地点及验收组名单书面通知负责监督该工程的工程质量监督机构。

(4)建设单位组织工程竣工验收。

①建设、勘察、设计、施工、监理单位分别汇报工程合同履约情况和在工程建设各个环节执

行法律、法规和工程建设强制性标准的情况；

②审阅建设、勘察、设计、施工、监理单位的工程档案资料；

③实地查验工程质量；

④对工程勘察、设计、施工、设备安装质量和各管理环节等方面作出全面评价，形成经验收组人员签署的工程竣工验收意见。

参与工程竣工验收的建设、勘察、设计、施工、监理等各方不能形成一致意见时，应当协商提出解决的方法，待意见一致后，重新组织工程竣工验收。

13.3 竣工验收依据及合格标准

13.3.1 竣工验收依据

(1)工程设计文件及设计变更通知书。

(2)工程设备技术说明书。

(3)国家现行施工及验收规范、技术标准。

(4)由主管部门或业主挂审批、修改、调整的文件。

(5)有关建设文件、施工承包合同、协议、洽商。

(6)建筑安装工程统计规定及主管部门关于工程竣工的规定。

(7)各系统的试运行记录。

13.3.2 工程竣工验收合格标准

(1)工程所含分部(子分部)工程的质量均验收合格。

(2)质量控制资料完整。

(3)工程所含分部工程有关安全和功能的检测资料完整。

(4)主要功能项目的抽查结果符合相关专业质量验收规范的规定。

①地下铁道工程施工及验收规范(2003 年版)GB50299—1999

②城市轨道交通通信工程质量验收规范(GB50382—2006)

③城市轨道交通信号工程施工质量验收规范 GB50578—2010

④城市轨道交通自动售检票系统工程质量验收规范 GB50381—2006

⑤城市轨道交通机电设备安装工程质量验收规范 DG/TJ 08－2005—2006

(5)观感质量验收符合要求。

13.4 竣工验收组织

13.4.1 竣工验收组织

工程竣工验收由业主组织，政府质监部门、监理工程师、设计单位、承包商参加，主要是对工程的实体功能和竣工资料进行检查、验收。工程竣工验收通过后，在 28 日内向承包商签发“工程竣工报告”。

工程竣工验收组织如图 13-1 所示。

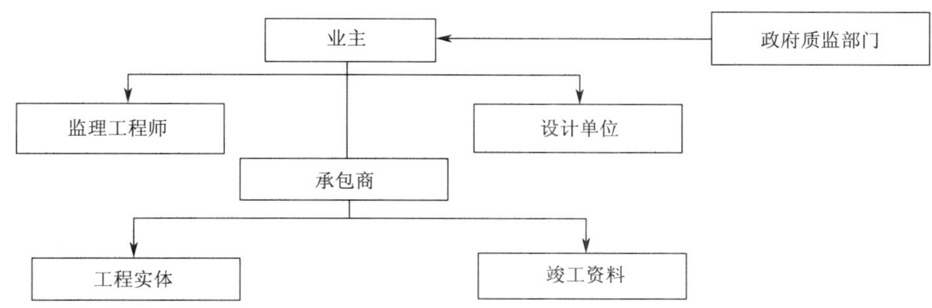

图 13-1 工程竣工验收组织

13.4.2 验收组织各方职责

1. 业主职责

根据承包商竣工验收申请，组织竣工验收各方进行竣工验收。

2. 监理工程师职责

参加竣工验收，对工程实体和竣工资料进行检查并客观评价。

3. 设计单位职责

参加竣工验收，对工程系统功能进行检查并客观评价。

4. 政府质监部门

参加竣工验收，对工程实体和竣工资料进行检查，对业主、监理、设计及承包单位工程实施过程进行评价。

5. 承包商职责

提供达到竣工验收条件的工程实体和竣工资料，为竣工验收提供场地、工机具、仪器仪表等必备条件。

13.5 竣工验收流程

竣工验收流程如图 13-2 所示。

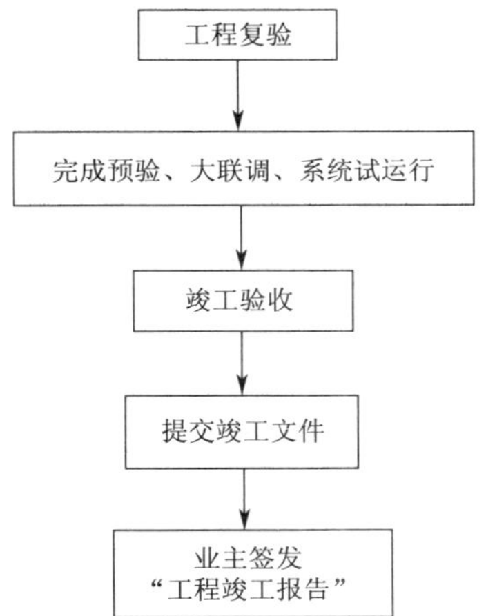

图 13-2 竣工验收流程图

13.6 竣工验收流程说明

13.6.1 预验收

各系统消缺工作结束，经监理复验确认合格，完成预验收。

13.6.2 竣工文件的提交

工程竣工验收后向业主提交全部竣工文件。竣工文件主要包括(但不限于)以下内容：

(1)竣工图。

(2)变更通知汇编。

(3)设备材料合格证、产地证明、检测报告等。

(4)安装过程质量记录。

(5)隐蔽工程记录。

(6)缺陷处理记录。

(7)设备调试报告。

(8)竣工检验报告。

(9)试运转记录。

(10)竣工工程量清单。

竣工文件的内容和文整符合档案归口部门和科学技术档案案卷构成的一般要求。

13.6.3 竣工正式验收

承包商在确认工程已顺利通过3个月的试运行考核，并且存在的问题已整改完毕后，向业主申请工程竣工验收。工程竣工验收由业主组织，政府质监部门、承包商、设计单位、监理单位及有关方面参加。竣工验收通过后，在28日内向承包商签发《竣工验收证明书》。

13.6.4 工程回访

1. 工程回访目的和内容

(1)工程回访的目的

工程回访是本着“为顾客服务、让用户满意”的原则，我方承诺在工程进入质量保证期后，由工程承包商项目负责人、技术、质量、经营、售后服务等有关方面的人员对工程质量、遗留问题、运行情况、用户意见及投诉进行调查、了解及处理，加强和业主的合作关系的质量活动。工程回访达到：急用户之所急、想用户之所想，全面提升用户满意度的目的。

(2)工程回访的内容

①了解工程使用情况，使用或运行后工程质量的变异；

②听取各方面对工程质量和服务的意见；

③了解所采用的新技术、新材料、新工艺或新设备的使用效果；

④向业主提出质量保证期后的维护和使用等方面的建议和注意事项；

⑤处理遗留问题；

⑥巩固良好的协作关系。

2. 工程回访工作流程

工程回访前需要先收集工程信息，包括工程质量信息、用户信息、工程投诉信息及处理情况等，并整理形成书面文件。完成信息收集后，针对信息情况，多从用户的角度着想，多从自己的角度找原因，找出各种问题存在的症结所在，并能提出切实可行的整改意见。完成信息处理后，再进行与用户的面对面“回访”，以坦诚的态度、积极处理问题的心态，以解决问题、共同进步为原则，提出解决问题、提升服务质量的办法，并在实际工作中加以落实，以实际行动来实现与用户的共同进步。

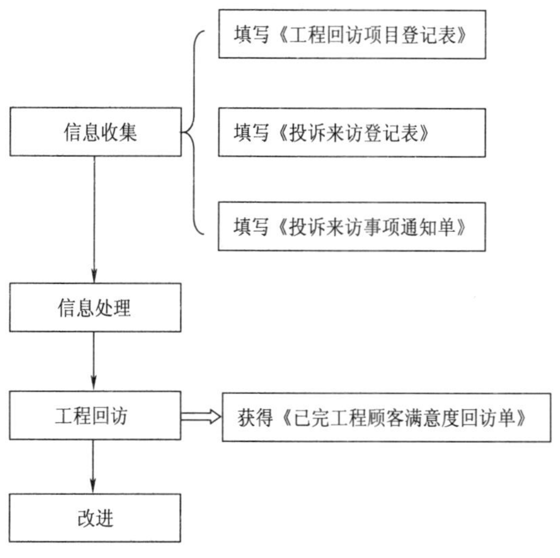

工程回访程序图

附录：书中涉及专业英文缩写的中文释义

ACS	门禁系统
AFC	自动售检票系统
ATC	列车自动控制系统
ATO	列车自动运行系统
ATP	列车自动防护系统
ATS	列车自动监控系统
BAS	环境监控系统
CBTC	基于通信的列车自动控制系统
CCTV	闭路电视监控系统
CI	计算机联锁系统
CLK	时钟系统
EL&ES	扶梯、电梯系统
EPS	紧急电力供给系统
FAS	火灾自动报警系统
SIG	信号系统
HVAC	车站通风空调系统
IBP	综合后备盘
ISCS	综合监控系统
LCC	备用控制中心
MCC	环控电控柜
OCC	主用控制中心
PA	广播系统
PIS	乘客信息系统
PQSS	电能质量管理系统
PSD	屏蔽门系统
PSCADA	变电所综合自动化系统
P&L	低压配电系统
SCADA	数据采集与监视控制系统
TCC	指挥控制中心
TEL	集中告警系统
UPS	不间断电源系统
WSD	车站给排水系统
ZPA	专用广播系统
ZRS	专用无线通信系统

Integrated Management on System of Urban Rail Transiportation